老いた親はなぜ部屋を片付けないのか

平松類

日経プレミアシリーズ

プロローグ　――老いてきた親、どこまで心配すべき？

最近の高齢者はとても元気で、現役世代も顔負けというほどにバリバリと仕事をしたり、インターネットやスマートフォンを使いこなしたり、スポーツや旅行などのアクティビティも存分に楽しんでいる――。

メディアでこんなふうに高齢者の姿を伝えられることも増えてきました。

人生100年時代。日本人の平均寿命は延び続け、確かに元気な高齢者は増えているのでしょう。

しかし、40代〜50代の現役世代の方々は、「ではなぜ、ウチの親はあんなに老け込んでいるんだろう？」と疑問に思うかもしれません。

親から離れて暮らす人は、実家に帰るたびに、老けていくその姿に驚くでしょう。

シワが増え、姿勢が悪くなり、老人らしくトボトボと歩く。食が細くなってきたのか、好物も昔のようにはたくさん食べない。

記憶の中の親の姿からかなり変わってしまった——そんな印象を抱く人も多いかもしれません。

なぜ部屋を片付けないの？　尋ねたら怒ることも

私は眼科医として眼の専門病院に勤務しています。高齢の患者さんも多いことから、高齢者も含めた医療コミュニケーションについても研究しています。これまで接してきた高齢者は10万人を超えるでしょうか。

そのせいもあるかもしれませんが、現役世代の方から「自分の親の様子がおかしい」という相談を受けることがよくあります。

「この間、帰省したときに、家の中が散らかっていて驚いたんです。昔は部屋をきれいにしていたのに、物が散乱していて、ちゃんと掃除していないのかホコリがたまっている場所もありました。流しとか水回りも汚れが残っていて……。大丈夫でしょうか？」

私の両親も70代ですから、このような不安はよく分かります。

疑問に思って「どうして部屋を片付けないの?」と親に尋ねてみたら、「別に散らかっていないよ」という返事が来たりして、ますます不安になる人もいるでしょう。

「物が捨てられないなら、代わりに捨てようか?」

「汚れがあるから、代わりに掃除しておこうか?」

などと提案したら、「余計なことしなくていい!」と怒られた、という人もいます。

良かれと思って提案しているのに怒るなんて、歳をとって性格が頑固になってきたのかもしれない、などと心配になるかもしれません。


「部屋が散らかって、性格も頑固になって……。これって、認知症の前兆でしょうか?」


自分の親が認知症になったかもしれないと思えば、ショックでしょう。

このように、「親の様子がおかしくなった、認知症ではないか」と考える人は、実はとても多いのです。

認知症のようで、認知症ではないことも

誰しも、親との思い出があります。自分が子どもの頃の親は、まだ若く、ハツラツとしていて、分からないことを聞けば何でも答えてくれる頼もしい存在でした。

それが、気が付けば自分はあの頃の親よりも年齢が上になり、めっきりと老け込んだ親の姿を見て、昔とのギャップに驚いてしまうのです。

部屋を片付けようとしない、頑固になってこちらの言うことを聞いてくれない、という以外にも、次のような話をよく聞きます。


「定年後、家に引きこもるようになった。外出がとても少なく、外部との交流がない」

「暑いのにエアコンをつけようとしない。熱中症対策として勧めてもかたくなに拒む」

「ネットの動画を見るようになり、陰謀論など偏った情報を信じるようになった」

「いじわるなことを言うようになった。昔はもっとおおらかだったのに、性格が変わった」

「同じ話を何度もするようになった。それだけでなく、急に、うるさい！と怒鳴ったりする」

「家の何もないところで転びそうになったり、横断歩道を渡りきれなくなったりする」

いずれも「高齢者あるある」なのですが、こうした話をしてくださる本人たちにとっては、自分の親のことだけにとても深刻なものとしてとらえているのです。

親の様子がおかしくなり、「認知症では？」と心配している人に対して、私は多くの場合「あわてる必要はない」という話をします。

なぜなら、医学的な事実と照らし合わせてみれば、様子がおかしくなったといってもそれは認知症ではなく、単なる老化による体の変化が原因である可能性が高いからです。何でもかんでも認知症ではないかと疑う人は多いのですが、実際にはそうではないケースもあります。

もちろん、受診して認知症の検査を受ける必要はありますが、「すぐに問題が起きるのでは？」と思い詰めないでください。仮に認知症の前兆だったとしても、本格的に認知機能が落ちてくるまでにはまだまだ時間がかかる場合も多く、十分に対策がとれるはずです。

こうした話をすると、多くの人は「まだあわてなくていいんですね」と少し安心してくれます。

あわてたほうがいいのはどんなとき？

ところが、逆にあわてたほうがいい場合もあります。

前言をひるがえすようですが、例えば「脳卒中」のような症状が見られたら、なるべく急いで病院に行ったほうがいい。

早く治療を始められれば、後遺症も少なくて済むことが多いからです。脳卒中の後遺症があると、介護が必要になる場合も多く、家族の生活までガラリと変わってしまいます。

同じように家族の生活を変えてしまう可能性のあるものとしては、「転倒による骨折」があります。歳をとって骨がもろくなってくると、脚の付け根にある「大腿骨頸部《だいたいこつけいぶ》」を骨折してしまうことが多く、それがきっかけで寝たきりになることも少なくありません。

とはいえ、転倒しないよう親をずっと見張っておくわけにもいきませんよね。

では、いったいどうしたらいいでしょうか。もっと言えば、老いてきた親をどこまで心配するのが「正解」なのでしょうか？

老いた親と向き合い、来るべき事態に備える

本書は、働き盛りの現役世代の皆さんが、老いてきた親とどう向き合い、これから起きるであろうことに対してどう備えればいいのか、について解説したものです。

自分の親がいまどういう状態にあり、あわてたほうがいいのか、あわてなくてもいいのか。それを大まかでも自分で判断するためには、医学的な知識が必要です。

医学は日々進歩しています。例えば、アルツハイマー型認知症のリスクについては、近年新しい事実が次々と明らかになってきています。また、脳卒中や骨粗しょう症など、高齢者が気を付けたい病気の治療法についても新しいものが出てきています。

こうした知識に加え、私がこれまで高齢者と接してきた経験を交えながら、自分の親とどうコミュニケーションをとっていけばいいのかをまとめていきます。

いくら自分の親が心配だからといって、「ああして、こうして」とお願いばかりしていては、親との関係が悪くなってしまいます。反発されずにこちらの伝えたいことを伝えるためには、コツがあるのです。

これらの情報を、なるべくギュッとコンパクトにまとめて書いてみます。

もし本書を、帰省のために新幹線や飛行機に乗る前に購入された方は、おそらくご実家に到着する前には、ご自身がどう対策をとればいいのかが見えてくるはずです。

そして、親の姿というのは、常に将来の自分の姿でもあります。本書を通じて、やがて自分の身に起きることも、見えてくるはずです。

それに備えるためにも、ぜひページをめくって読み進めてみてください。

目次

第4章 老いた親はなぜ家の中で転ぶのか

※本書は日経Gooday (https://gooday.nikkei.co.jp/) における連載「Dr.ひらまつの知っておきたい〝老化〟と〝目〟の話」を基に大幅に加筆・修正したものです。

第1章

いますぐ手を打つべき老いた親の問題行動とは

「介護」につながるかどうかで判断する

歳をとってきた親が、「部屋をなかなか片付けなくなった」「性格が頑固になって言うことを聞いてくれない」「定年後に家に引きこもるようになった」「暑いのにエアコンをつけない」などの問題行動をとるようになると、ひょっとして認知症になったのでは……と心配になるかもしれません。

何かあるとすぐ認知症を疑う人は多いのですが、実際には加齢に伴う体の変化が原因で、認知機能にはそれほど問題がない状態かもしれません。つまり、白髪やシワが増えるのと同じで、それほど心配しなくてもいい場合も多いのです。

もちろん、受診して認知症の検査を受ける必要はありますが、もし仮に認知症の前兆だったとしても、認知機能がさらに落ちてくるまでには時間がかかるので、それほどあわてなくても大丈夫でしょう。

とはいえ、中には「あわてたほうがいい」親の問題行動もあります。あとになってから、「あのときすぐ手を打っておけば……」と後悔する結果になる可能性もあるのです。

いったい、どんなケースならあわてなくてよくて、どんなケースならあわてたほうがいいのか。見極める方法を知りたいと、老いた親がいる人なら誰もが思うでしょう。

結論を申し上げれば、あわてたほうがいいのは、「介護」に直結するケースだといえます。

介護が突然始まると、家族の生活まで一変してしまいます。もちろん、親の世話を全部自分たちでしなければならないわけではありません。訪問介護員（ホームヘルパー）などの力を借りながら、介護が回るように組み立てていきます。

しかし、突然の介護という思いもしなかった状況は、多くの場合、動揺を招きます。

「子どもが来年受験なのに、親と同居しなければならないのだろうか」
「管理職に昇進したばかりで忙しく、とても仕事以外のことに手が回らない」
「妻が大きな病気をしたので家事はほぼ自分がやっている。それだけでも大変なのだが……」

何年も前から準備したり心づもりができたりしていればまた違うでしょうが、親が突然、要介護状態になるというのは、40代～50代の働き盛りのビジネスパーソンにとっては大きなピンチなのです。

介護が必要になる原因ベスト5

親の様子に変化が見られるようになってきたら、そこから「介護のリスク」がどれくらいあるのかを見極めることが大切です。そのためには、日本の高齢者がどのような原因から介護が必要な状態になったのかについて、まず知るといいでしょう。

２０２２年の厚生労働省による「国民生活基礎調査」の結果をもとに、介護が必要になった主な原因を性別ごとに見てみましょう。男性の１位は脳血管疾患（脳卒中）、２位は認知症、３位は高齢による衰弱、４位は骨折・転倒、５位は心疾患（心臓病）となっています。それに対して女性の場合は、１位が認知症、２位が骨折・転倒、３位が高齢による衰弱、４位が関節疾患、５位が脳卒中です。

男女によって傾向が違うということが分かりますよね。父親か母親かによって、介護のリ

介護が必要になった原因

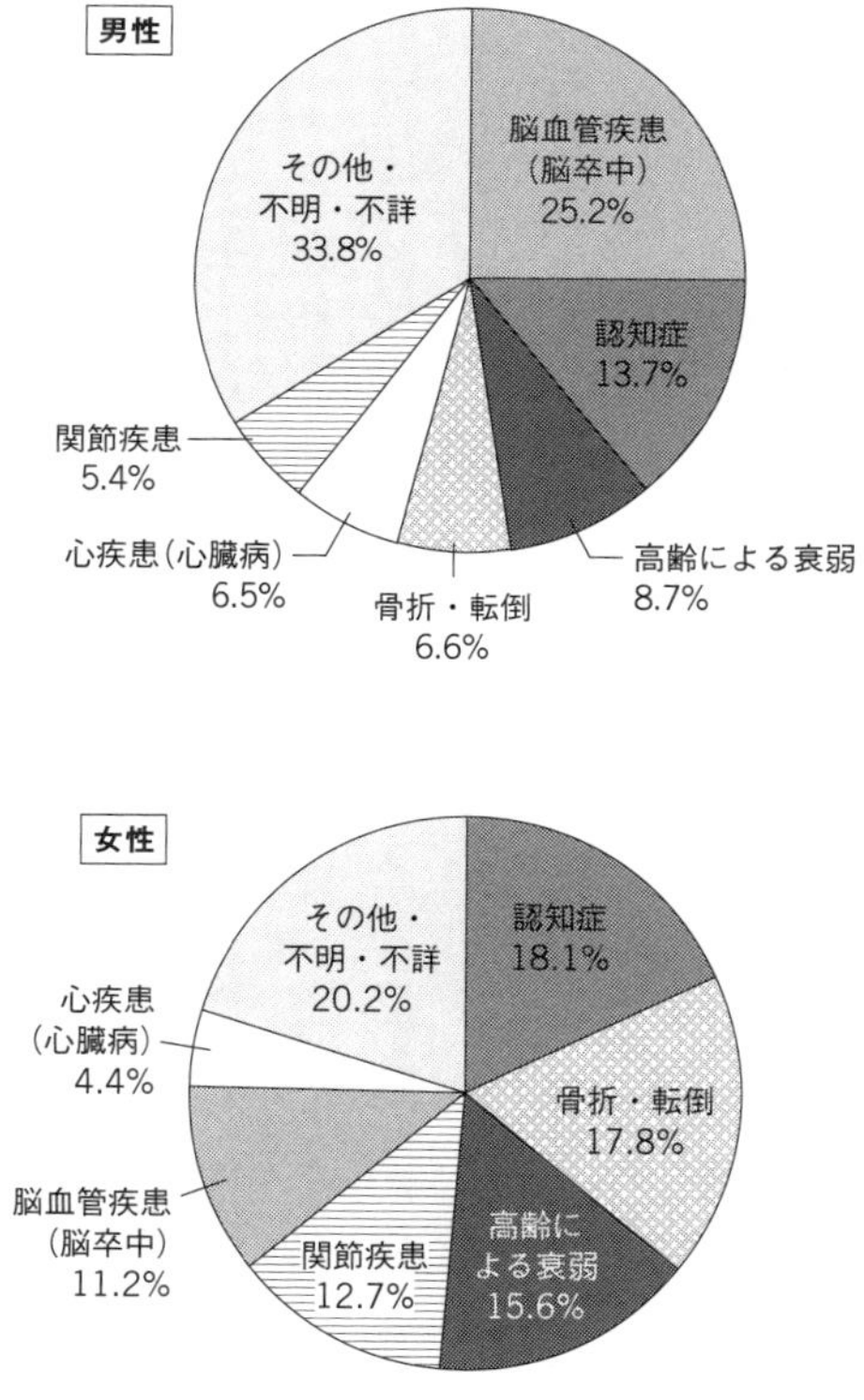

出所：厚生労働省「国民生活基礎調査」（2022年）より

スクの内容が違うということを押さえておきましょう。

男性は脳卒中が多く、女性は骨折・転倒が多い理由

多くの人が心配する認知症は、男女とも介護が必要になった原因として、やはり大きな割合を占めています。それ以外では、男性は脳卒中が多く、女性は骨折・転倒や関節疾患が多い、ということが分かります。なぜこのような傾向の違いがあるのでしょうか。

脳卒中には、脳梗塞、脳出血、くも膜下出血の3つの種類があります。いずれも、脳の血管が詰まったり破れたりして、脳に障害が起きる疾患です。その背景には、高血圧や糖尿病、脂質異常症といった生活習慣病があります。会社の健康診断で血圧や血糖値が高いといわれた人は、放っておくとそれが積もり積もって脳の血管にダメージを与え、脳卒中のリスクが上がるのです。

男性に脳卒中の割合が多く、女性に少ないのは、「内臓脂肪」の蓄積も原因の1つだと考えられます。男性は、内臓脂肪が30代～40代ごろから蓄積し始める人が増えます。内臓脂肪は一定量以上になると、血圧や血糖などを上げる効果があり、それが脳卒中のリスクにつな

がってしまうのです。一方女性は、内臓脂肪がたまり始めるのが閉経後の50代ごろからと遅めである場合が多く、結果として介護につながるような脳卒中になる人の割合が少ないというわけです。

それでは、女性はなぜ、骨折・転倒や関節疾患が多いのでしょうか。女性はもともと男性に比べて筋肉量が少なく、それに加えて、加齢に伴って下半身の筋力が衰えてくるため、転んで骨を折ったり、関節を傷めたりするケースが増えてくるのです。また、閉経によって女性ホルモンが減少し、骨がもろくなる骨粗しょう症になることでも、骨折のリスクは高くなります。さらに、関節の疾患としては、膝の関節や股関節が変形していく病気が多いのですが、いずれも筋力が不足することで関節にかかる負担が大きくなり、軟骨がすり減ってしまうことで関節が変形していきます。

高齢による衰弱＝フレイル

ところで、先ほどの介護が必要になった原因のうち、男女とも3位にランクインしている「高齢による衰弱」とは何でしょうか。これは、「フレイル」とも呼ばれ、現在大きな問題になっているものです。ニュースなどで聞いたことがあるかもしれません。

フレイルとは、加齢とともに心身の活力が低下し、自分の力だけでは生活を送れなくなったり、死亡リスクが高くなってしまった状態のこと。筋力などが低下して身体能力が衰えてしまう「身体的フレイル」、認知機能が低下したりうつ病になる「精神的フレイル」、外出して人と会うのがおっくうになって孤立する「社会的フレイル」などの種類があります。

つまり、フレイルとは、転倒・骨折や認知症のリスクが非常に高くなっているケースだといえます。心身の活力が低下している状態とは、要するにやる気がなくて元気がないということです。例えば、高齢者が「歳をとったから粗食でいい」と、食事を簡単に済ませてしまうことはよくあるのですが、それがやがてフレイルにつながる恐れがあります。人間の体は、食事で摂取するエネルギーが足りないと、筋肉を分解してエネルギーとして使ってしまうので、筋力がどんどん衰えてきます。すると、足腰が弱って転倒のリスクが高まったり、外出するのがおっくうになってしまうのです。

親がいつも食事を簡単に済ませていたり、かつての好物なのにあまり食べないような様子を見たら、フレイルを心配したほうがいいというわけです。

分かってきた認知症のリスク要因

たとえいまは元気だとしても、自分の親がどのような原因から要介護の状態になりそうかを考えておくのは、とても意味のあることだと思います。

脳卒中のリスクが高いのは、健康診断などで高血圧や糖尿病などの生活習慣病を指摘されたり、内臓脂肪の蓄積したメタボリックシンドローム（メタボ）の可能性があると言われたことのある人でしょう。

一方で、骨折・転倒や関節疾患のリスクが高いのは、筋力が衰えてきた人です。例えば、歩くスピードが落ちてきて横断歩道が青信号のうちに渡りきれなかったり、握力が落ちてきてペットボトルのフタが開けられなくなったりした人は要注意です。すでにかなり筋力が衰えてきていると考えられます。

認知症についてはどうでしょうか。認知機能が落ちてくるとまず、もの忘れが増えます。

ただ、もの忘れ自体は若い人にもあるので、本当にそれが認知症の前兆なのか分かりにくいという問題もあります。

認知症にはいくつかの種類がありますが、最も患者の多いアルツハイマー型認知症では、脳にアミロイドβという特殊なたんぱく質が過剰にたまり、神経細胞が破壊されることで引き起こされます。アミロイドβは数十年という長い時間をかけて蓄積していくので、そのリスク要因を取り除けば、認知症を発症するのを避けたり遅らせたりすることが可能であることが分かってきました。

世界的に権威のある医学雑誌であるランセットは、2017年にアルツハイマー型認知症のリスク要因として、教育不足、難聴、高血圧、肥満、喫煙、うつ病、社会的孤立、運動不足、糖尿病の9つを発表しました。さらに、2020年には過度の飲酒、頭部外傷、大気汚染の3つを加えました。[*1] そしてこの12のリスク要因を改善すれば、発症を40%ほど予防できるというのです。

ここでいう教育不足とは、「12歳未満で教育が終了する」ことですから、現代の日本人はほぼクリアしているでしょう。

アルツハイマー型認知症のリスク要因

若年期

- 教育不足 …… 7%

中年期(45～65歳)

- 難聴 …… 8%
- 頭部外傷 …… 3%
- 高血圧 …… 2%
- 過度の飲酒 …… 1%
- 肥満 …… 1%

高年期(65歳～)

- 喫煙 …… 5%
- うつ病 …… 4%
- 社会的孤立 …… 4%
- 運動不足 …… 2%
- 大気汚染 …… 2%
- 糖尿病 …… 1%

パーセンテージはそのリスク要因を取り除いた場合に発症をどれぐらい減らせるかを示す。12のリスク要因すべてを改善すれば40%予防できる

出所：Lancet. 2020; 396: 413-446.より

それ以外の、難聴、高血圧、肥満、喫煙、過度の飲酒などがどれぐらい当てはまるかを考えると、認知症になりやすいかどうかの1つの目安になると思います。

いやがる検査をどう説得？

いよいよ認知症が疑われるような状況になったら、まずどうすればいいのでしょうか。いつかそのときを迎える場合に備えて、基本的なことを押さえておきましょう。

認知症が心配なときは、「もの忘れ外来」や「メモリークリニック」などを受診し、専門の医師の診察を受けます。こうした名前がつけられた外来では、認知症の早期診断を目的としていると

ころが多く、認知機能のテストや、必要に応じて血液検査、脳波検査、頭部の画像診断などを行います。

診察の結果、「軽度認知障害（ＭＣＩ）」と言われることもあるかもしれません。ＭＣＩとは、正常な状態と認知症との中間で、記憶力や注意力などの認知機能が衰えつつあるものの、日常生活に支障をきたすほどではない状態です。ＭＣＩの段階で生活習慣に気を付けたり、認知機能のトレーニングを行えば、認知症へと進行するのを遅らせることも可能です。

ですから、もし可能なら早めに受診したほうがいいわけですが、「もの忘れ外来なんかに行くのはいやだ」と親が抵抗を示すかもしれません。

そのような場合は、血圧や血糖値などの検査のついでに「もの忘れの検査も受けておきましょう」と提案してみるのもいいかもしれません。多くの検査メニューと一緒だと抵抗感が薄れるからです。

もしくは、親が信頼している、かかりつけ医がいれば、その人から「年齢も年齢だし、もの忘れの検査を受けておいてはどうですか」とアドバイスしてもらうのもいいでしょう。

それでもかたくなに検査を受けてくれない場合はどうしたらいいでしょうか。それはある意味、仕方のないことです。どんな状態だとしても検査や治療を受けるかどうかを最終的に判断するのは本人です。もちろん、「認知機能が落ちているのに判断できるのか？」と思うこともあるでしょう。

ひょっとしたら本人がいやがるのは、自分でも認知機能が落ちてきているのをなんとなく感じていて、つらい現実を突きつけられたくないという可能性もあります。現在の医療では認知症を根本から治すことができないので、自分が認知症だということが分かったら、自暴自棄になってしまうことだって考えられます。

こちらとしてはできることをすべてやるしかありません。無理やり連れていくことはできず、最終的には親が選択することになります。ただ、時間をかけてあなたの心配が伝われば、あるとき本人がその気になって「検査を受けよう」となることもあります。

目が悪くなったせいで部屋が散らかっている？

「ひょっとして認知症なんじゃ……」という誤解が生まれるような行動が、実は加齢による身体の変化が原因だということもよくあります。人間は年齢を重ねると、目、鼻、口、耳など、五感がだんだんと衰えてきます。歳をとれば老眼になって見えづらくなったり、耳が遠くなることは誰もが経験するでしょう。しかし、こうした変化に本人や周囲が気づかないこともよくあるのです。

例えば、「部屋を片付けなくなった」親は、単に視力が衰えたり視界が狭くなったりして、汚れやホコリに気づかなくなっている可能性もあります。子どもからすると「こんなに散らかして、物を捨てたり片付ければいいのに」と思っても、当の本人はそれらが目に入らないため気になっていないのかもしれません。

「性格が頑固になって言うことを聞いてくれない」という場合も、単に耳が遠くなって聞こえていないという可能性があります。歳をとると多くの人が「加齢性難聴」になり、特に高音が聞き取りづらくなります。ですから、娘が話しかけてもよく聞こえず、息子が話しかけると反応する、ということもよくあります。「私が質問しても答えてくれない」ことがあっても、いじわるをしているわけではないかもしれないのです。

そして、「暑くてもエアコンをつけない」のも、暑さをあまり感じていないからかもしれません。温度を感じる五感は「触覚」ですが、高齢になるとやはりこれも衰えてきて、温度の変化に鈍くなってきます。

親の様子がおかしくなってきたのが、こうした五感の衰えによるものなのか、それとも認知症の前兆なのかを見極める方法については、第2章以降で詳しくお話ししていきましょう。

「様子を見よう」ではなく、すぐ病院に行ったほうがいい場合

症状が現れたらできるだけ急いで病院に行ったほうがいいのが脳卒中です。

脳梗塞では、片側の手足が動かなくなる片麻痺やしびれ、顔のゆがみ、言語障害などの症状があります。脳出血では、手足の片麻痺や頭痛、意識障害など。そしてくも膜下出血では、これまで経験したことがないような激しい痛みのある頭痛や、意識障害などが典型的な症状です。

いずれも、ほぼ前ぶれなく、ある日突然起こります。これらの症状が出たら、一刻も早く病院に行くことをお勧めします。「朝まで様子を見よう」とか「救急車を呼ぶまでもない」などとためらう人もいるのですが、早く治療を行えば後遺症なく治せる場合があります。できるだけ急いでください。

ただ、前ぶれなく突然症状が起こるのであれば、親と同居していなければ気づけないので

脳卒中の主な症状

脳梗塞・脳出血

- ろれつが回らない
- 言葉がうまく出てこない
- 片側の手足がしびれる
- 手足に力が入らず、腕などが上がらない
- 箸や筆記用具などを落とす
- まっすぐ歩けない
- 目が見えにくくなる
- 頭痛やめまい、吐き気などがある
- 意識が途切れる

くも膜下出血

- 経験したことのないような激しい頭痛が出る
- 嘔吐する
- 意識を失う
- まぶたが勝手に閉じる、ものが二重に見える、視野が欠ける

はないかと思うかもしれません。しかし、まめに連絡をとっていれば、異変に気づくことができる場合もあります。

例えば、母親が友人とのランチをとても楽しみにしていたのに、当日になってこれまで経験したことがないほど頭が痛くなり、泣く泣くキャンセルしたという場合を考えてみましょう。社交的な性格で外食も好きな母が予定をキャンセルするなんて珍しいな……と思ったあなたは、「頭がすごく痛いからしばらく横になって寝てるわ」と言う母親に向かって、「できるだけ早く、脳外科のある病院に行って！」と提案できるはずです。

経験したことがないほどの頭痛というのは、くも膜下出血のサインです。脳動脈瘤が破裂し、く

も膜下腔という隙間に出血する病気で、このときに激しい痛みを伴った頭痛が起きます。

脳卒中の後遺症には、運動障害や感覚障害、失語症などさまざまなものがあり、数十年も治療しなければならない場合もあります。また、脳卒中を何度か繰り返したのちに要介護状態になってしまう人もいます。

できるだけ早く病院に行けるかどうかが分かれ道になるということを覚えておきましょう。

親を思い通りに動かしたいという考えを捨てる

ここまで、親の様子の変化に対して、介護につながるかどうかを基準にして緊急度を判断しようという話をしてきました。

脳卒中のような症状が見られたら、なるべく早く病院に行くことが肝心です。もし本当に脳卒中だったら、できるだけ早期に治療を開始することで、後遺症が残る確率を減らすことができ、要介護になるリスクを下げることができます。

認知症の前兆のような様子が見られた場合は、あわてる必要はありませんが、生活習慣の改善や認知トレーニングなどに取り組むことで、本格的な認知症へと進むのを遅らせることが可能かもしれません。

生活習慣の改善とは、要するに規則正しい生活を送るということです。睡眠時間を十分にとり、暴飲暴食はせず、バランスのとれた食事を心がける。お酒は飲みすぎないように注意し、タバコを吸う人は禁煙する。運動不足に気を付け、適度に体を動かす。

これにより認知症のリスクを減らせるだけでなく、生活習慣病全般の改善につながるので、脳卒中のリスクを低下させることにもつながります。また、体を動かし、食事でたんぱく質やカルシウムなどの栄養をきちんととることで、転倒・骨折も予防できるかもしれません。

さらに、家に引きこもるのではなく、外出して新しいことに挑戦したり、人間関係の輪を広げたりすれば、認知症やフレイルを遠ざけることも可能でしょう。

ただ、これらのことを、親が自分からやってみたいと思ってくれるのならいいのですが、そうではない場合、どうやって子どものほうから提案すればいいでしょうか。

「介護が心配だから、これをやってくれないか?」などと言われて従う親というのは、まれではないかと思います。

親を思い通りに動かそうとするのではなく、あくまでも主導権は親本人にあるという前提で、情報提供しつつ、距離を保って見守るというのが望ましいスタンスでしょう。そうすれば、子どものほうから「こうしてくれ」としつこくお願いしなくても、意外とあっさり行動を変えてくれることも多いのです。

「そうはいっても、親の様子を見ていると、ハラハラしてつい口を出したくなるんですよ」とおっしゃる方はたくさんいます。しかし、しょっちゅう口を出して親子の関係が悪くなると、いざというときにあなたを頼ってくれなくなるかもしれません。それで事態が悪化してしまったら、元も子もありません。

「様子を見ているとハラハラする」というのは、ビジネスパーソンだからこそではないかと私は思います。仕事では、問題が起きたらなるべくすみやかに解決するための行動をとるのが基本です。職場で責任ある立場についている人なら、ほかの人が起こした問題に対処することにも慣れているでしょう。

しかし、老いた親が起こした問題行動というのは、必ずしもすぐに解決しなければならないものではなく、そっと見守ることのほうが正解である場合もあります。

仕事とは頭を切り替えて、ぜひ自分の親に向き合ってみてください。

自分で生活できていても早めに「介護認定」を受ける

親が高齢になってくると、高血圧や糖尿病などの持病を抱えるようになったり、視力や聴力が衰えてきたり、足腰が弱ってきて杖を使うようになったり、などということは普通にあるでしょう。

こうした状態でも十分に自分の力で生活できれば、「介護なんてまだまだ先」と思うかもしれません。しかし実は、こうした状態だからこそ、早めに「介護認定」を受けておくことを考えたほうがいい場合もあります。

介護認定には、「要介護」の前に「要支援」というタイプがあります。要支援とは、基本的に1人で日常生活ができるものの、身の回りの一部を支援してもらう必要があるということです。要介護にならないために、早めに受けておいたほうがいいのが要支援なのです。

私は眼科医ですから、「視力が悪くなって日常生活に支障が出るようになった」という段階で介護認定の書類を書いたりします。そのほか、「聴力が極端に悪くなった」とか「立ったり座ったりするときにふらつく」といった理由でも要支援が認められることがあります。部屋の掃除やゴミ出しなどの家事を行うときに一部手助けが必要になるという程度でもいいのです。

要支援の認定をもらえれば、要介護を予防するためのリハビリテーションや訪問看護を受けることができ、福祉器具をレンタルすることも可能になります。

ですから、要支援の認定は、受けられるなら受けておいたほうがいいのです。もちろん、本人の状態によっては認められない場合もあるので、主治医と相談してみてください。

第2章

老いた親はなぜ部屋を片付けないのか

部屋が散らかるのは「よく見えていないから」

親が歳をとってくると、「実家の片付け問題」というものが発生します。要るかどうかも分からない袋が大量にある、荷物がそこら中に置いてある、必要な書類がどこにあるか分からない……。

親だっていつまでも元気でいてくれるわけではありません。重い病気になったり、急に倒れることもあるでしょう。そんなときに何がどこにあるかが分からず、汚れた実家だと心配です。だからこそ、久しぶりに実家に帰ったようなときはつい「片付けなよ」と言いたくなります。子どもの頃は親に言われていたセリフを、いまは子どもが親に言う状況ですね。

子「あれ？　なんだかずいぶん汚れてない？」

親「そんなことないよ、特に変わってないでしょ」

子「そうかな、ここなんかホコリがたまってる」
親「あんたも細かくなったわね……（ため息）」

なぜ、このように指摘してもなかなか片付けてくれないのでしょうか。歳をとって性格も変わってきたのではないか、ひょっとして認知症の前触れでは、などと不安になるかもしれません。ただ、それにしては受け答えがはっきりしていて、認知機能が落ちている印象はない、という場合もあるでしょう。

そのようなとき、実は認知症などではなく、別の医学的な理由が考えられます。それは、「視覚情報の変化」です。

私は眼科の医師ですが、よく白内障の手術をした後に、患者さんにこんなことを言われます。「こんなに家が汚れているなんて気が付かなかった」「こんなに自分の顔にシワがあるなんて思っていなかった」……これらは、毎週のように術後の患者さんから言われる言葉です。

高齢になると白内障になります。80歳を超えれば99・9％の人が白内障になります。[*1] 白内障はある日突然進むわけではなく、徐々に進むため、視力が低下してきても変化に気が付きません。そして、進んでしまっても、全く見えないというわけでもないのです。テレビは見えるし、新聞も読もうと思えば読める。けれどもなんだか見にくい、読みにくい。そういう曖昧な状態です。

また、白内障になると色の差が分かりにくくなります。ちょっと汚れがあっても、色の差として感じにくくなります。流しや洗面台の汚れにあなたは気が付いても、高齢になった親は分からないのかもしれません。つまり、家の中が汚れているのを放置しているのではなく、汚れていることに気づいていない可能性が高いのです。そういう場合は、「片付けて」と言っても逆効果でしょう。

嗅覚が衰えてパンツの臭いにも鈍感に

高齢になると、匂いにも鈍感になります。あまり知られていませんが、視覚・聴覚と同じように、嗅覚も加齢とともに衰えるのです。嗅覚が衰えると、ちょっとした臭いに気づきにくく、家の中の水回りなどが汚れていても放置してしまうかもしれません。

また、高齢者は、ちょっとおしっこが漏れてパンツを汚してしまっても、乾いてしまえば

「臭わないから」と思って、パンツを替えるという対処をしないことがあります。そばにいる子どもは「臭いがするな」と思うのですが、親はあまり感じていないのです。特に、70歳を超えると嗅覚が低下しやすいことが知られています。*2

もちろん、単純な嗅覚低下だけではなく、認知機能の低下ということもあります。特にアルツハイマー型認知症やレビー小体型認知症では、嗅覚が低下しやすいといわれています。とはいえ、嗅覚に関してはほかの鼻などの病気である可能性もあるので、まずは耳鼻科で診てもらったほうがいいでしょう。それでも異常がない場合は、認知機能などの検査を受けることも大切です。

嗅覚が衰えると、普段の食事も楽しくなくなります。朝、ご飯が炊けた匂い、お味噌汁の香りなど、いままで感じていたものがなくなってしまうので、当然といえば当然です。日々の楽しみのためにも、身の回りをきれいにする意味でも、嗅覚は重要になります。

最低限の安全確保を目標に片付ける

実家の片付けというと「こういうふうに片付ければいい」という方法論がよくいわれま

す。収納をどうするとか、何を捨てて何を残すか、といったことです。しかし、実際のところ、一番のハードルになるのは「親が片付ける気になってくれるかどうか」です。それさえ越えてしまえば、どうやって片付けるかというのは正直なところ些末な問題です。

私もよく「親にどう言えば片付けてくれるでしょうか？」と聞かれますが、こう言えば片付けてくれます、という明確な答えはありません。まず心に留めておきたいのは、親が老いたからといってあなたの言うことを聞くわけではない、ということです。

そして、いくら片付けないといっても、よく見てください。食卓の上などはきれいに片付けてあったりしませんか？　つまり、親は「自分が必要と考える片付け」はしていて、「あなたが必要と思っている片付け」は、「自分にとっては不必要な片付け」だと思っているのです。この事実をまず認識しましょう。

親に片付ける気になってもらうためには、「本人にとって必要な片付け」であると認識してもらうことが第一歩です。それも、少しずつやることをお勧めします。実家に帰るのはたまにということもあって、子どもはつい一気にすべてを片付けようとしがちです。そうではなく、まずは小さなところから始めてください。では具体的に、何を最初に提案するとよいでしょうか。

それは「安全の確保」です。実家を片付けようとして子どもが最初に思いつくのは、親に何かあったときの書類のことだったりします。しかし、最初に「保険の書類は?」「家の権利書は?」なんていう話をしたら、「遺産を狙っている」と思われ、気分を害されるだけです。

では、安全性の確保のために大切なのは何でしょうか。

大切なものは2つあります。1つは、部屋の高いところに置いてある荷物の整理。高齢になると腰が曲がって、高いところにある物を動かすのがおっくうになります。腰が曲がっていなくても、徐々にまぶたが下がり、上のほうに物があることが気にならなくなります。そんな状態で地震などが起きてしまうと、上から物が落ちてきて、ケガにつながります。まずは高齢者が手を出しにくい、高いところの荷物の整理をやってあげるといいでしょう。

次に、通路の確保です。視覚機能が落ちてくると、つまずきやすくなります。本格的なリフォームを行ってバリアフリーにできればいいですが、それよりも先にやるべきことは、夜トイレに起きたときの通路や、普段歩く場所に、じゃまになる荷物を置かないという基本的なことです。普段歩く廊下などは、一時的に置くつもりでついつい長い間、物を置いてしまったり、段ボールなどが積まれたりしていることがあるので、そこをまず相談してみましょう。

心配している気持ちを伝える

「散らかっているから片付けよう」と親に提案すると、「上から目線」だと思われてしまいます。親にとって、あなたはいつまでも子ども。そんな言い方をするよりも、「友達の親が廊下に物を置いていて、ケガをして大変だったらしい。心配だから、あそこの物はどかしたら？手伝おうか？」というように、心配している気持ちを伝えるほうが、行動に移してもらいやすいと私は思います。

そして、もし白内障が原因で家を片付ける気が起きていないのであれば、やはり眼科で検査してもらうといいですよね。視覚情報は認知機能のためにも重要なのですが、上から目線だと思われないように、「70歳を超えたら白内障があるみたいだから、1回は眼科に行ってみたら？」などと促してみてはどうでしょう。

高齢の親に何かをお願いして、その通りに行動してもらうのはなかなか難しいもの。実際に私の眼科外来でも、高齢の患者さんに子どもが付き添ってきて、こんな会話が繰り広げられることがあります。

子「いいから治療したほうがいいよ」
親「もう年だからいいって」
子「でも目が見えづらいと包丁とかも危ないでしょ」
親「そうだけどまあ、とりあえず様子を見て……」

そうやって、治療をすべきタイミングで、医師や家族に勧められているのにもかかわらず放置してしまい、目が見えなくなってしまう方がいます。それで介護が必要な状態になって、「だからもっと早く治療しておけばよかったのに……」と言われても後の祭りです。

「いくら言っても聞いてくれないから仕方ない」というケースは、親だけではありません。取引先、上司、お客さんなど、多くの高齢の人が言うことを聞いてくれないという経験は誰しもあるのではないでしょうか。

意固地なのではなく「高音が聞き取れない」

自分の親など歳をとった人にいくら言っても聞いてくれないのは「歳をとると意固地になるから」と勝手に決めつけてしまっている人もいます。でも実際は、高齢者は別の医学的な理由で言うことを聞いてくれない場合もあるのです。

例えば聴覚の問題があります。高齢になると、よく知られているように、耳がよく聞こえなくなります。見えなくなる、いわゆる老眼に関しては「どういうふうに見えないか」というのがよく知られています。「手元が見えない。けれども遠くが見える」。これが老眼です。ですから書類を手元から離せば文字が読めます。老眼鏡をかければ本が読めます。当たり前ですが、老眼の場合すべてが見えなくなるわけではありません。

このように、「老化」というものは、すべての機能が等しく衰えるわけではなくて、強弱があります。一方で、聞こえなくなるということに関しては、40代～50代の子世代には「どのように聞こえなくなるか」という情報があまりありません。なぜなら、老眼と比較すると加齢性の難聴になる年代はかなり上だからです。

老眼は45歳程度で始まるので、自分自身も老眼が始まり、「老眼とはどういうものか」は実感として分かります。加齢性の難聴は60代から徐々に始まりますが、実際に問題になるのは70代以降。統計的には70代で半数、80代で70%が難聴というデータもあります。[*3]

加齢性の難聴になると、すべての音が聞こえなくなるかというとそういうわけではありません。高音域の音は聞こえにくくなりますが、低音域の音は聞こえます。低い音（500Hz）と比較すると、高音域（2000Hz）を聞き取るには1・5倍の音量が必要というデータもあります。[*4]

このため、よく高齢者は「こちらの要求は聞いてくれないのに悪口は聞こえる」と言われます。これには理由があるのです。要求をするときは声を高く張り上げて相手に話しかけることが多いですよね。そのため高音になり聞こえにくい。けれども悪口は周りに聞こえないようにひそひそと低い音で話すので、高齢者には聞きとりやすくなるわけです。

また、若い女性の声も高くて聞こえにくくなるので、「息子の声は聞こえるけれども、息子の妻の声は聞こえない母親」というのも珍しくないわけです。こうしたことが「嫁姑問題」を複雑化させているケースをよく見かけます（ただ、これには諸説あり、人の声の音域なら問題ないとも言われていますが、1つの説として参考にしていただければと思います）。

また、高齢者は高音域が聞こえにくいのに、街中ではアナウンスに若い女性の声が多用されます。私はつくづく、世の中は高齢者に合わせていないな、と感じます。

低い声で・ゆっくりと・正面から

では、耳が遠くなった高齢者には、どのように話せばいいのか。「低い声で・ゆっくりと・正面から」話しかけるのが基本になります。医療の現場でも、女性看護師が大声で一生懸命話しても聞こえない高齢者が、男性の私がゆっくり低い声で話すと聞こえるということがあります。また、雑音が多い場所でほかの音とより分けて必要な言葉を聞くことも、高齢になると不得意になります。ざわざわした場所での声かけは、思っている以上に聞き取りにくいと理解したほうがよいでしょう。

また、加齢性難聴で耳が遠くなってきた親には、ぜひ補聴器を勧めてあげてください。難聴は、第1章でもお話ししたように、アルツハイマー型認知症のリスク要因にもなります。耳が聞こえづらい状態を放置していると、認知機能にも影響があるのです。しかし補聴器を利用して聴力を補えば、認知症のリスクを避けられることが分かっています。特に、65歳よりも若くして聴力が衰えてきた人は、それだけ認知症のリスクが高まるので、積極的に補聴器を活用したほうがいいといえるでしょう。

ただし、補聴器をいやがる高齢者も多くいます。「補聴器をつけるなんて年寄りくさい」と思うのかもしれません。確かに昔の補聴器は大きくて目立つものでしたが、いまではかなり小型のものもあり、見た目の問題はだいぶ改善されています。それよりも気を付けなくてはならないのは、「使ってみたけれども、よく聞こえなかった」と言って、使うのをやめてしまうことです。

実は補聴器は、買ってすぐに快適な状態で使えるわけではないのです。その点が眼鏡とは違います。もちろん、買ったときにお店の人がその場で調整はしてくれますが、その1回の調整だけでは不十分なのです。生活をしながら、その聞こえ具合に合わせて、何回も調整を繰り返して、やっとその人に合った状態になります。

ですから、耳が遠くなってきた親に子ができることといえば、補聴器を勧めることと、「何回も調整すれば快適になるよ」と教えてあげることなのです。

高齢者だけど、自分が高齢者だと思っていない

また、こうした「難聴によって話が聞こえにくい」という身体的な問題だけではなく、高齢者とそうでない人の間での意識の違いもあります。

親が80代ともなると、腰が曲がったりして、子世代は「自分たちが守らなければ」という意識で見るようになります。けれども80代の親にしてみれば、50代であっても子どもはいつまでも子どもです。自分が30代や40代で10代の子どもを見ていたときの気持ちから変わっていないのです。つまり、子ども側から見ると親は「守る対象」になっているが、親としては自分が「守られる立場」とはちっとも思っていない。高齢者は「歳をとった」と自分で言うけれども、自分が「高齢者」だとは思っていないことが多いのです。

親だけでなく、取引先や上司も、「歳をとったから言うことを聞かなくなった」のではなくて「もともと言うことを聞かない人」だったのかもしれません。周りの人からすれば、もう

高齢なんだから言うことを聞くだろうと、つい思ってしまう。そのため「言うことを聞いてくれない」とイライラしてしまう。ですが、そもそも上司、社長が部下の言うことをハイハイと聞くはずがないのです。こうした人たちに言うことを聞いてもらおうと思ったら、要求するのではなく「お願いをする」という姿勢で接し、そうすることが得だと思ってもらう、つまり具体的なメリットを提示する工夫が必要です。

家庭不和の原因が「声帯の衰え」

歳をとると起こる身体的な変化が、ときに「熟年離婚」の原因になることもあります。

厚生労働省の人口動態統計によると、夫が60~64歳での離婚（人口1000人対離婚率）は、1980年の0・39と比較すると2019年には1・51と4倍近くになっています。

熟年離婚のきっかけとして多いのが、「定年後の家庭不和」です。定年前後には家庭環境が大きく変わります。再雇用などで働き続ける人もいますが、以前と同じように働き続けるとは限りません。勤務時間や日数が減ることも多いでしょう。つまりは以前よりは家にいる時間が増え、そのことが家庭不和を生んでしまうことが、残念ながらあります。

家庭不和を生んでしまうのは、性格の問題でしょうか。定年によってこれまで何十年も続けていたお互いの生活スタイルが崩れてしまうからでしょうか。それ以外の原因として医学的に言えるのは、「年を重ねると声が出にくくなる」ということです。

日常生活の中で、高齢の方の言っていることが聞き取りにくいなと感じることはないでしょうか。その原因は、入れ歯の問題だけではありません。実は、「年齢による声帯の衰え」が関係しています。声帯が衰えると、会話がおっくうになります。となれば家庭内での会話が減ります。職場と違い、家庭内では会話をしなくても短期的には生活に大きな支障を感じません。そのため会話が減ったまま日常生活を送ってしまい、長期的には夫婦関係の悪化を招いてしまうのです。

では声帯の衰えは男女均等に起こるかというと、そうではありません。ある研究では、年齢の上昇に伴い声帯の衰えが起きるのは、女性では26％だったのに対し、男性では67％にも達しました。[*5]

なぜ、男性のほうが声帯が衰えやすいのでしょうか。諸説ありますが、1つには「定年後にのどを使わなくなる」という事実があります。定年退職する前は、職場で毎日のように多くの人と話したり、現場に立って指示を出したりと、常に声を出していました。ところが定年後は、ずっと家で過ごすため、声を出す機会が急激に減ります。

人間の体は、「使わないと衰える」という傾向があります。これは「廃用性萎縮」と呼ばれています。しばらく入院していると歩くのも大変になるという話は聞いたことがあるかもしれません。骨折をして手や足にギプスをしばらく巻いて安静にしていると、衰えていきます。これと同じことがのどでも起こるのです。

声帯の衰えにはタバコも影響します。タバコは万病のもとと言われますが、のどにも長い年月をかけて悪い影響を与え、声が出にくくなります。タバコを吸うのは男性のほうが多いため、声帯の衰えの男女差にはタバコも影響していると考えられます。

では、声帯の衰えを防ぐには、普段からたくさん声を出していればいいのでしょうか。そう考えがちですが、問題はそれほど単純ではありません。講演家、歌手、学校の先生、電話のオペレーターなど、普段からあまりにも多く声を出しすぎる人の場合は、ほかの人よりも声が出しにくくなるという研究もあります。[*6] 有名な歌手が声帯ポリープなどによって声を出しにくくなったというニュースを見たことがあるかもしれません。つまりは、声帯は、使わなすぎても良くないし、使いすぎても良くないということです。

高齢者が高額なものを買ってしまう理由

老いた親の変化というのは、意外なところにも表れます。高齢になると日々の出費は少ないものの、つい無駄に大きな買い物をしてしまいがちです。子としては「え、そんなに高いものを買ったの？」と驚くこともあるでしょう。

若い人は掃除機1つを買うにしても「吸引力」「重さ」「メーカー」「保証」などさまざまな条件を検討して自分に最適なものを買おうとします。価格も、最も安いのはどこかをインターネットで検索したり、複数の店舗に足を運んで比較したりして、その中で一番安いものを購入します。

けれども高齢になると、こうした吟味をせずに、なんとなく「これがいいかな」と思って買ってしまいがちです。テレビショッピングで割高な型落ち製品を喜んで買ってしまったり、もっと安くネットで買えるのに家電量販店で高いものを買ってしまうということがあります。

なぜこうしたことが起こりやすくなるのか。それは、高齢になると、ものごとを理論や理性ではなく、経験や感情によって判断しがちになるからです[*7]。高齢になると、これまでの人生経験があります。何十年も同じように量販店で掃除機を買ってきた。となると仮にネットで買うほうが安かったとしても「トラブルがあったらどうしよう」「ちゃんと届けてくれるかな」など、慣れないことに不安を覚えてしまいます。若い頃に比べて、不安という感情が優先されるのです。

歳をとると、調べて比較するという作業が大変になるというのもあります。若ければ、パンフレットに載っている細かい仕様やネットの記事などを比較して見ることができますが、高齢になると小さい文字が見えにくくなり、読むのが疲れます。また、若い頃よりも認知機能が落ちているため、読んだ文字を理解して比較することに脳を使うのがおっくうになってしまう。それで「いままで通りでいいや」と考えてしまうのです。

「このブランドのほうが安心」というブランド信仰も強くなります。これまでの経験による安心感が優先されるのです。よく考えた上に買った商品が思っているほど良くなかった、失敗したという経験もあるでしょう。多くの高齢者はブランドで商品を選ぶことでリスクを回避しようとします。それはそれで合理的な判断なのです。

さらには移動の困難さという問題があります。高齢になると若いときのように気軽には買い物に行きにくい。最近はショッピングモールでさえ端から端まで歩くのに疲れるぐらい大きなところもあります。その結果、高齢者は買い物の回数が減ります。せっかく行ったときに目的の商品があったら、その場で買わないと次にいつ来られるのか分からないのです。

特に、車で行かなくてはいけない地方の場合は深刻です。自分では運転できなくて家族に運転してもらう、近所の人に一緒に車に乗せてもらう、はたまたタクシーを呼ばなければ、買い物に行けない。そんな状況では、商品の高い安いを吟味する時間も惜しいでしょう。

自分で判断するのではなく、店員を信頼してしまう

そのような事情があるため、良い商品をその場で手に入れたいと考える高齢者は、若い人に比べて店員を頼りに商品を選びがちという特性があります。[*8] 店員に任せたら、店にとって都合の良い商品を勧められて高いものを買わされるのでは、と思うかもしれませんが、「自分

で選んで失敗するくらいなら、多少価格が高くなるのは仕方ない」という心理が働き、店員を信頼するという選択をするのです。

何かを手に入れようとするとき、選択肢が多いのは良いことと思われがちですが、選択肢が増えれば増えるほど人間は考えるのが面倒くさくなってしまうことが分かっています。だったら、対面で応対してくれる家電量販店の店員さんを信頼できるかどうかを判断するほうが楽というふうに思うわけです。

このように、内容を吟味するよりは人で選択をしてしまう傾向から、高齢者はだまされやすくなります。高齢者が詐欺にあったときの被害額は、若い人の3倍近くになることが分かっています。[*9] 高齢者が高額な詐欺にあいやすい理由はほかにもあります。楽観バイアスと言って、高齢になるほどものごとを自分に都合よく、楽観的に考える傾向にあります。「これは良い商品に違いない」「お得に違いない」と思ってしまうのです。

詐欺師や悪徳業者は、高齢者のこうした特性をしっかりと勉強しています。高齢者の考え、身体の悩みなども勉強しています。大きなスーパーやショッピングモールの一角にある展示スペースなどで、高額な商品を勧められたという話をよく聞きます。こうした場所では、店員が言葉巧みに、ちょっと足から微弱な電流を流すだけで「腰痛が良くなる」、「目が良くなる」、「がんも良くなる」というように勧めてきます。

そういう高額商品を買わされてしまう人は、普段から浪費家かというとそんなことはありません。普段は財布のひもは固く、この人なら大丈夫だろうと思うような人なのです。けれども、高額な商品になるほど普段の金銭感覚が通用しないため、その場の雰囲気に流されて間違った支出をしてしまいがちです。「自分の親はしっかりしているから大丈夫」とは思わず、高齢の親の大きな買い物には目を配るようにしましょう。

投資詐欺・陰謀論に共通する「優越感」

最近は高齢者を狙った投資詐欺なども巧妙になってきました。

親「そういえば、老後資金のためにいい投資先を見つけたから買っておいたよ。みんなで出資して、土地を買って建物を建てて、それを分けるっていうやつだよ。たくさん儲かるし、元本も保証されるらしい」

子「それ、どのぐらいお金を入れたの?」

親「定期預金を崩して300万ぐらいかな」

子としては頭を抱えたくなるでしょう。

新しい投資商品の話を聞いたとき、「自分だけが知っている」状態になることも自尊心をくすぐります。退職して人間関係が狭まり、周りから敬われることが少なくなった高齢者にとって、「自分だけが知っている儲け話」は、優越感を与えてくれるものなのです。

高齢者が投資詐欺にあいやすいことと似たメカニズムが、いわゆる「陰謀論」にも当てはまります。陰謀論というのは、「世界は○○が牛耳っている！」「あの大事件は○○が仕組んだものだった！」など、誰もが知る大きな出来事が何者かの策略によって起きたと決めつけるような考えのことです。久しぶりに実家に帰ったら、親が怪しい陰謀論を唱えるネット動画を熱心に見ていた、という話を聞いたこともあります。

陰謀論は、高齢者にとって非常に都合のよい考え方となります。なぜなら、「複雑にモノを考えないで済むので、脳に負荷を与えない」からです。そもそも高齢者は、若い人と比較すると認知能力が低くなります。認知能力が下がるというのは、物事を複雑に考えることが苦手になるということです。

現実の世の中は複雑にできています。例えば、郊外にショッピングモールが新しくできるときも、さまざまな利害関係者の中で話が持ち上がり、いろいろな業者の関与を経て出来上がっていきます。企業の株価も、いくつものファクトと多くの人たちの予測によって決まっていきます。株価が下がったときは、商品開発が悪かった、業績はあまり落ちていないが将来見込みとして市場の見方が冷ややかだった、など、複数の要因が絡み合っています。しかしそれらを理解して、その上で咀嚼《そしゃく》するというのは脳に非常に負荷がかかる作業です。

一方、陰謀論は「○○が悪い」という1つの結論でできています。分かりやすい悪者がいて、単純なストーリーを紡いでくれます。昔話のように人に伝えやすく、伝わりやすい内容です。そのため、認知能力の低下した高齢者にも受け入れられやすいのです。

「どうして理解してくれないのか」と不満に

投資詐欺にだまされたり、陰謀論にハマってしまった高齢者は、おせっかいにも、その新しい儲け話や「皆が知らない社会の裏側」について、家族や知人にとうとうと話したがります。喫茶店やファミリーレストランで、高齢者が「実は新しい仮想通貨が出る。この情報は私だけが持っていて、あなたも少しだけ出資できる」とか「実は○○になっているのは○○家の影響なんだよ」と話しているシーンをたびたび見かけます。

とはいえ、そういう話を周囲の人が真剣に聞いてくれるわけではありません。すると「私はこんなに素晴らしいことを知っているのに、どうして理解してくれないのか」と不満を募らせ、孤独を感じます。高齢になると、仕事もなくなり、子どもも巣立って、人から頼られることが減ります。そのため、些細なことでも孤独感が増しやすいのです。

そこで登場するのが、近年高齢者がハマりだしているＳＮＳです。昔は、ＳＮＳというのは若い人がやるものでした。しかし、スマートフォンの普及やコロナによる社会不安などをきっかけに、ＳＮＳを始める高齢者が増えています。私が毎日目の健康について発信しているYouTubeチャンネル「眼科医平松類」の、最も多い視聴者層は65歳以上です。

ＳＮＳには、その人の閲覧履歴やフォロー先などから興味・関心がありそうな分野をピックアップし、「おすすめ」として表示するシステムがあります。すると、「YouTubeを見ても、Facebookを見ても、Xを見ても、自分と同じ意見の人がいる」という現象が起こります。こうした現象は「エコーチェンバー」（直訳すると「反響室」）と呼ばれていて、自分と同じ価値観を持った人たちが集まる狭いコミュニティで、似たような意見に触れ続けていることで、自分の意見が世間的に正しいものだと信じ込んでしまうのです。こうした仕組みを知らずに、自分の意見を肯定してくれる存在を求めてＳＮＳに依存していくと、特定の思想により偏りやすい流れができてしまいます。

では、年老いた親が陰謀論にハマらないためにはどうすればいいのか。まず気を付けたいのは認知症や精神疾患の存在です。ただの加齢現象ではなく、認知症や精神疾患が原因で特定の思想に偏ってしまう可能性もあります。かかりつけ医を持って、定期的に認知機能検査を受けるように促すことも検討してみてください。

また、普段から何気ないことでも親に感謝の気持ちを伝えて、自己肯定感を高めてもらう、孤立させないようにするという気遣いも大切です。投資などで高額な資金の移動をする場合は、「ある程度以上の額（100万円など）を使う場合は家族に相談する」と決めておくとよいでしょう。

老親が投資話や陰謀論にハマりやすくなるのは、年齢的に致し方ない側面もあります。それを怒ったり無理に変えさせたりするのではなく、サポートできるようにしておくことが大切です。

暑さを「感じない」から エアコンをつけない

老いた親がいる人にとって夏になると心配になるのが「熱中症」です。毎年、倒れて救急車で搬送される人が後を絶ちません。２０２１年に熱中症で搬送された４万７８７７人のうち、高齢者は２万６９４２人と、56％を占めていました。超高齢社会とは言っても、日本の高齢者人口は３割弱にとどまります。さらには若い人は屋外で肉体労働に従事したり、部活などで外で運動する機会も多い。それなのに、熱中症で倒れるのは高齢者が多いのです。

では、高齢者はどういう場所にいて熱中症になってしまうのでしょうか？　実は、最も多いのは自宅です。６割の人は自宅から搬送されています。[*10] 自宅であれば、水分をとりたければとることもできる。冷蔵庫もある。暑ければエアコンをつけることもできる。それなのに、自宅で倒れて搬送される人が最も多いのです。

その理由としては「エアコンをきちんと使っていない」ということが挙げられます。自宅で熱中症になった高齢者のうち、部屋の温度を熱中症になりにくい基準温度に下げていた人は18・8％しかいませんでした。つまり、搬送された高齢者の8割以上はエアコンを使用していないか、使用していたとしても室温を十分に下げていなかったのです。

エアコンを使わない理由として多いのが、「エアコンを使うと体に良くない」という考え方です。私の周りの高齢者にも、そう信じている人が多い。もちろん、過度に体を冷やすのは問題がありますが、それを避けるために熱中症になってしまっては本末転倒です。「いくら体に悪いと思っていても、熱中症になるほどつらいならさすがにエアコンをつけるのではないか？」と思う人も多いでしょう。熱中症になるほどつらいときも、なぜ高齢者はエアコンを使わないのか。そこには「体に良くない」という思い込みだけでなく、別の理由が考えられます。

その理由とは、高齢者の気温の感じ方です。気温を感じるのは五感のうち「触覚」です。若い頃は気温を敏感に感じることができますが、歳を重ねるごとに人は気温に対して鈍感になっていきます。

ある研究では、60歳未満の人は実温度と体感温度の差がマイナス0・6度、60代では0・

27度、70代以上は2・55度と報告されています。[*11] 例えば室温が30度になっていたとしても、70代以上の人は27・45度に感じるのです。よく「エアコンの設定温度は28度にしましょう」といわれますが、エアコンをつけなくてもその28度以下に感じているわけです。結果として、エアコンの使用時間の平均は、60歳未満では5・5時間なのに対して、70代以上では2・7時間と、ほぼ半分になってしまっています。

さらに高齢者は、若い人よりも脱水状態に陥りやすい要因があります。まず、食事量が若い頃よりも減るので、食事から得られる水分量が減ります。また、高齢になるほど頻尿になるので、しょっちゅうトイレに行くのを避けるために水分を控える傾向にあります。さらには、のどの渇き自体を感じにくくなっているので、水分をとらなくなります。こうした医学的理由も相まって、高齢者は自宅にいるにもかかわらず、熱中症となり救急搬送されることがあるのです。

温度計を1つ置くだけで熱中症対策に

「昔は夏でもエアコンなんてなかったし、使わなかった。最近の人は気合が足りない」。そう豪語する高齢者を見たことはないでしょうか。

確かに昔はエアコンが高価で、簡単には手に入らない贅沢品だったことは事実です。エアコンなしで窓を開け放ち、扇風機やうちわ、氷などを使って夏を過ごしている人が大半でした。しかし、日本の夏はどんどん暑くなっています。平均気温はかつてより上昇しており、特に都市部では、「ヒートアイランド現象」によって高温になっています。

ヒートアイランド現象とは、郊外と比較して都市部の気温が上昇する現象のことで、その原因として、アスファルトやコンクリートが多く緑地や水面が少ないことが挙げられます。緑地や水面は太陽の熱を吸収することができますが、アスファルトやコンクリートはそれができないため、温度が上がります。さらには建物が密集しているために風通しが悪くなり、気温の上昇を促します。交通量も多く、車やバイクからもたくさんの熱が放出されます。

つまりは、「気合」や「根性」の問題ではなく、エアコンなしでは過ごせないほど、日本の夏、特に都市部の夏は暑くなっているのです。

では、温度を感じにくく、エアコンは体に悪いと信じ、暑さは気合や根性で乗り切ると思っている高齢者に、どうやって熱中症対策をとってもらえばよいのでしょうか。

私がお勧めするのは、温度計を置くことです。高いものでなくてもよいので、温度を数値化してくれるものを1つ置いてみてください。気温を感じる力が衰えていても、目で見て温度が分かれば認識できるでしょう。

そして、28度を目安として、28度を超えるようなら迷わずエアコンを使うように勧めてみてください。どうしてもエアコンが嫌いな親であれば、せめて扇風機などを使って空気の循環を行うように相談するとよいでしょう。

高齢になると涙もろくなる医学的理由

歳をとった親と普通に話をしていただけなのに、親が急に涙ぐんで驚いた、という経験のある人もいるかもしれません。

一般に、歳をとると涙もろくなるといわれています。「涙腺が緩む」とよく言いますが、年をとると涙を分泌しやすくなるのでしょうか。実はそうではなく、むしろ高齢になると涙などの分泌物は出にくくなります。皮膚もカサカサになっていくように、涙自体も少なくなります。ドライアイも高齢者の方に多いのです。

つまり、年をとって涙もろくなったと感じるのは、涙の量が増えているわけではなく、別の理由があります。

その1つが、涙の通り道の問題です。涙は、目に出た後に鼻を通って口へと流れていきます。泣いているとその涙が鼻にも来るので鼻水が出ますし、さらに口へと流れつくとしょっぱい味がします。

涙が目から鼻の方に進んでいく通り道を、鼻涙管《びるいかん》と言います。この鼻涙管は年齢を重ねるにつれて狭くなってきます。すると、涙が出た後に鼻へと流れにくくなり、目にたまってあふれてきます。「涙が増えた」と感じたとき、それは涙の流れが悪くなっているのです。言ってみれば、下水が詰まっているような状態です。

鼻涙管の流れが悪くなると、ただ涙が多くなるだけではありません。目やにが多くなるなど、何となく目に違和感を覚えることも増えます。使われていない冬場のプールのように、流れていない水というのは淀み、菌が繁殖しやすい状態になります。目においても、ちょっとした細菌にすぐに感染してしまい、目やにが出てしまうのです。目薬で対処しても一時しのぎとなり、また目やにが増えてしまいます。

こうなってくると、「鼻涙管閉塞症」という病気で、根本的には涙の通り道を広げる治療が必要になります。軽度のときは涙の通り道を洗う程度で済むこともあります。しかし、狭くなったものはなかなか広がらない。そこでチューブを鼻涙管に通して広げるといった手術的な治療が必要になってくるのです。しかし、視力が落ちたり失明に至ったりする病気でもないので、「このまま様子を見よう」と言われやすい病気でもあります。

目に「シワ」ができることで涙があふれる

鼻涙管閉塞だけではなく、「結膜弛緩」という現象も、涙が多いと感じる原因になります。結膜というのは白目の表面のぶよぶよとした組織のことです。ここが炎症を起こすと結膜炎といわれるのは皆さんもよくご存じだと思います。結膜は、若いときはぴんと張っているのですが、年齢を重ねると緩んで（弛緩）シワができてしまいます。シワなので、重力によって白目の下側に多くできます。

白目にシワがあると、本来涙がたまっているべき場所にシワがあるため、その分、涙が外にあふれて涙が多く感じられるようになります。さらには白目のシワによる違和感によって目にゴミが入ったようになり、涙が分泌されてしまいます。

歳をとると涙もろくなる理由には、このような加齢性の変化に加えて、感情の変化もあります。若いときと比較して、高齢になると共感性が上がるといわれています。それは人生が長くなるほど、悲しいこと、つらいこと、楽しいこと、うれしいことなど多くの経験をするために、相手の気持ちに共感しやすくなるからです。その結果、いままで泣かなかったのに映画を見て泣くようになった、テレビの感動的な番組でつい涙してしまう、ということが起きてきます。同じドラマを見たとしても、若い頃よりも「そうだよね、そういうことがあるよね」と共感するようになるのです。

ただ共感性が高まるだけではありません。年をとると感情のコントロールも利きにくくなります。感情が高ぶったとき、人間はその感情をコントロールしようとします。涙をぐっとこらえる、悲しい気持ちを何とか咀嚼する、というように感情にブレーキをかけます。このブレーキは、脳の前頭葉という部分が司っているのですが、前頭葉の機能は年齢とともに衰えてきます。それによって、感情のコントロールが難しくなり、つい人前でも泣いてしまうのです。

人前で泣くだけならば問題ないのですが、人に怒りやすくなるなど、悪いほうに感情的になりやすい傾向もあります。高齢者は怒りやすいと言われる一因には、この前頭葉の機能低下があります。このような変化についても知っておきましょう。

高齢者が徘徊するのには理由がある

ここまで、部屋を片付けない、言うことを聞かない、高い買い物をしてしまう、エアコンをつけないなどの困った行動が、加齢による体の変化が理由になっている可能性について話をしてきました。いずれも「認知症ではないか」と疑われることもあるのですが、そうではなく、体の変化が理由だと分かれば対処法も見えてくるでしょう。

一方で、家族がまだ認知症だと気づいていなかった段階で、突然「徘徊《はいかい》」が始まってしまうこともあります。徘徊というと重い認知症の人だけがするもの、と思われがちですが、実際に行方不明になった人の2割は要介護認定を受けていない状態だといわれています。[*12]

人が行方不明になる事案は日々起こっています。日本に認知症による行方不明者は1万8000人程度いるといわれ、[*13]さらには認知症の一種であるアルツハイマー型認知症では6割の人に徘徊経験があるとされています。[*14]徘徊は日常であるためにニュースにならないだけで、実際には多くの高齢者が経験しており、普段あなたも徘徊している人を目にしているかもしれないのです。

けれども、高齢者が道を歩いているからといって「徘徊かも」とはなかなか思えません。そこには徘徊という行為についての誤解も関係しています。徘徊というと「当てもなくさまよっている」というイメージを持つ人が多いのですが、実際の徘徊はそうではありません。

徘徊する人の多くは、目的を持って歩いていることが多いのです。それなら、コンビニに買い物に行ったり、友達のところに遊びに行ったりするのと同じで、徘徊とはいわないのでは、と思うかもしれません。確かに目的を持ってどこかに歩いて行っているこの段階では徘徊とはいいません。しかし、歩いているうちに目的を忘れる、はたまたその目的が達成できない目的である場合は徘徊といえます。

例えば、コーヒーを買いに行きます。この時点では普通の買い物です。しかし、コーヒーを買いに行く途中で「そういえば本屋があったな」と見に行く。そして、本屋を出ると何をしに来たのか忘れてしまう、という感じです。ここまでならつい忘れてしまったということで、よくありそうな話です。しかし認知症が加わると、さらに帰り道も分からなくなる。そうなると行方不明ともなり得ます。

叶えられない目的とは、例えば、「家に帰りたい」と思ってその場を飛び出し、家を探して歩くといったようなことです。実際は家に住んでいるのですが、帰りたいと思っている家は子どもの頃に住んでいた家で、もうすでに取り壊されているのを忘れていて、その家に帰ろうとして歩く。この場合も、目的地へたどり着くことはないので行方不明になってしまいます。

特に「家に帰りたい」というのは多くの認知症の人が思うことであり、先ほどの例のように「昔の家に帰りたい」と思うときもあれば、施設に入所している人や入院中の人が「家(自宅)に帰りたい」と言うこともあります。定年まで真面目に働いた高齢者が、「仕事に行かなくては」と職場のほうへ出て行ってしまうこともあります。家には居場所がないと感じて、亡くなった妻に会いに行こうと外に出て行ってしまう人もいます。そうした強い思いだけではなく、トイレに行こうとしてそのまま外に出てしまう人もいます。

目的はそれぞれ違うものの、徘徊をする本人としては、しっかりと理由があって出歩いているわけです。だからこそ遠くに行ってしまうことがあります。家を探そうとなれば必死になって遠方に行きます。場合によっては公共交通機関を使ってしまい、捜索が困難になることもあります。

無理に連れ戻すとまた家出してしまう

家族が徘徊してどこかに行ってしまい、無事に見つかったとしたら、あなたはどう思うでしょうか。「命に別条がなくてよかった」「無事でよかった」と思うとともに「早く連れて帰らなくては」と思う人が多いのではないでしょうか。

しかし、本人としては目的があって外に出ているわけです。そんな中で無理やり連れ戻そうとすれば、「周りの人が自分のじゃまをする。ひどいことをする」と受け止められてしまいます。

例えばいまの家の居心地が悪く、若い頃に妻と一緒に住んでいた家に帰りたいと、年老いた父が徘徊したとします。これを無理やり連れ帰ると「せっかく妻を探そうとしたのに、力ずくで嫌な場所に引き戻された」と思います。これではいつまた同じように徘徊し、行方不明になってしまうか分かりません。

そこで、まずは徘徊の目的を確認することが大切です。「どこへ行くつもりなの？」と聞いてみて、例えば「仕事に行くつもり」と答えが返ってきたとします。もうとうの昔に定年退職して、仕事はしていない。そういうとき、「仕事はとっくに定年したじゃない」と言っても信じてもらえません。嘘をつく人と思われてしまうかもしれません。

ですので、いったんは「そうなんだ。仕事場に行くんだね。じゃあ一緒に行こう」と言って、しばらく一緒に歩きながら様子を見てみましょう。そして、どのように徘徊するのかを確認しておく。今後も徘徊する可能性があるため、ある程度知っておく必要があるのです。その上で、ある程度歩いたら、「遅くなったからそろそろ今日は帰ろうか」と言って戻るという方法があります。

もちろん、この方法が常に正しいということではありません。介護施設にいるプロでさえ認知症の人の徘徊の対応を間違えることがあります。完璧な対応は存在しないものの、考え方の基本は「介護する側やサポートする側の都合で行動するのではなく、サポートされる側の心情にできるだけ寄り添って行動すること」だと覚えておいてください。

とはいえ、度重なる徘徊は周囲の人たちにとっても大きな負担となります。高齢者が徘徊しにくくするには、どうすればいいのでしょうか。

1つは、徘徊の原因を排除することです。例えばトイレに行こうと思って徘徊してしまうのであれば、実は家のトイレの場所が分かりにくいのかもしれません。そういう場合はトイレを分かりやすくするよう、廊下の電気を明るくしたり、トイレというマークをしっかりつけてあげることで徘徊のリスクを下げることができます。

徘徊が起こってしまったときに早く見つける方法として、GPSの活用も考えてみましょう。靴などに小型のGPS端末を付けておくことで、どこに行ったのか、だいたいの居場所が分かります。ただし、中には靴を履かずに出て行ってしまう人もいるので、その場合は難しくなります。

居場所が分からない場合は、周辺の半径500mの範囲を重点的に探します。もっと遠方に行っているのではと思うかもしれませんが、実際に徘徊によって死亡事故となったケースを見ると500m以内が多かったという報告もあります。そして、自分たちだけで解決しようと思わずに、30分以上見つからなかった場合は警察に連絡しましょう。

高齢者の徘徊は命にかかわることがあるので、多少オーバーでも対処を知っておいたほうが良いですし、いざ家族がそうなる可能性があることを少しでも知っていただければと思います。

「同じ話を繰り返す」のはむしろ歓迎する

徘徊ほど大事ではありませんが、親が歳をとってくると「昔の話ばかり繰り返す」という問題も起きます。

実家に帰ったとき、親が自分の子どもの頃の話を何度も繰り返すのを聞いていると、「ひょっとして認知症が進んでいるんじゃ……」と心配になるかもしれません。

ただ、高齢者が昔の話を繰り返しするのは、よくあることです。短期記憶が衰えていて、「この話はさっきした」ということを忘れている一方で、長期記憶は衰えていないので、昔のことはよく覚えているからです。

親が同じ話を繰り返すと、「その話はさっき聞いたよ！」と言いたくなるでしょう。ですが、それをぐっとこらえて、あえてその話に乗り、いつもの話であっても何度でもしてもらうことをお勧めします。

なぜなら、昔の話を繰り返すことで、古い記憶が何度も呼び起こされ、結果として記憶力がキープされ、認知症の傾向があっても悪化せずにすむからです。

このように、昔のことを繰り返し思い出すことを「回想法」といい、認知機能を改善するための訓練法として確立されています。

ですから、親が昔の話を始めたら、合いの手を入れつつ「あんなこともあったよね」と、親に思い出してもらうのもいいでしょう。

「また同じ話をして！」などと責めるのはよくありません。親が「昔の話をすると、怒られる」と思い込むようになってしまったら、いざ認知症が進んで回想法を試みようと思っても、口を閉ざしてしまうかもしれません。

それに、本当に認知症が悪化してしまったら、親から昔の話を聞く機会すらなくなってしまうかもしれないのです。「昔はこんなことがあった」という、家族のかけがえのない思い出話が聞けなくなるのは寂しいものです。できるだけ、聞けるうちに聞いておきましょう。

とはいえ、同じ話を何度も続けて聞かされるのは、なかなか大変です。ですから「1日に5回まで」などと決めておくといいでしょう。もし6回目になったら、「そんなこともあったね。ところで……」と話題を変えて対処すればいいのです。

親を突然施設に入れると認知機能が落ちることも

親がだんだん年老いてきて心配になってくると、「そろそろ施設に入ったら」と相談する場面も出てきます。はたまた「1人で住む親を自宅に引き取って面倒を見る」という選択をすることもあるでしょう。しかし、そこにはリスクがあることも理解しておいてもらいたいのです。

子「この前スーパーに行って、買ったものをどこかに忘れてきちゃったって本当？」
親「そうだけど、別にどうってことないよ」
子「この前も家の中で転んだし、1人だと心配だから、そろそろ施設も考えてみたら？」
親「私はまだまだ1人で暮らせるし、誰かの世話になるつもりはありません！」

子としては心配なのでしょうが、親が施設に入ったことで認知機能が低下して、認知症が進んでしまったという事例をよく耳にします。

医療の現場では「高齢の患者さんが入院すると、突然認知機能が低下したような状態になる」ということをしばしば経験します。高齢の方が骨折や病気で入院をすると、それまではっきりと受け答えをしていて、自宅では身の回りのことを何でも自分でしていたのに、突然食事も上手にとれなくなったり、ぼーっとしてしまうということが起きてくるのです。

入院という状況に限らず、施設への入所や、子が親を自宅に引き取ったことを機に、状態が悪くなってしまうということも往々にして経験します。

そこには、高齢者特有の医学的な問題が存在しています。若い人に比べれば、高齢者のほうが認知機能は低下しています。つまり若い人よりものを考えることが困難になっているわけです。

自宅で朝起きて、トイレに行って、洗面所に行って、着替えをして、食事をして、テレビを見て……という何気ない行動は、ものを考えて動いているようでいて、無意識に動いていることも多いものです。あなたも歯磨きをするとき、「ここをこう磨こう」とはそれほど意識していないでしょう。また、通勤のときも、考えごとをしたり、無意識に歩いていても、自然と職場に着いているのではないでしょうか。このように、毎日のルーティンは、認知機能にそれほど負担をかけずに行うことができているのです。

ところが、施設に入ると何もかもが変わります。起きるベッド、トイレの場所、洗面所の場所やルールも違います。食事も、ゴミ箱の場所も違います。そうなると、認知機能が処理できる量をはるかに超えてしまうということが起きてきます。自宅にいても、「火を使わせると危ないから」と言って家族がガス台をＩＨコンロに替えたとたん、料理もできなくなってしまうということもあります。あなたが思っている以上に、高齢者は環境の変化・認知機能の新たな負荷に弱いのです。

「でも、脳の働きを維持するためには、負荷をかけて鍛えるほうがいいのでは？」という質問を受けることもあります。確かにそれは一理あるのですが、高齢者の場合、強すぎる負荷は逆効果となります。筋力トレーニングで、過度な負荷をかけると肉離れや剝離骨折などの重大な事態を引き起こしてしまうようなものです。そして、子から見ると「それほどでもない変化」でも、往々にして親にとっては「限界を超える大きな変化」となります。

「環境の変化」は小さなステップで

　子が親に施設への入所を勧めると、「私に出て行けと言うのか」と強く否定されてしまうことが少なくありません。それは自分の生活を変えたくないからでしょうか。それとも高齢になって性格が頑固になったからなのでしょうか。

　人は加齢とともに脳の前頭葉の機能が衰えます。前頭葉というのは人間の感情や意欲などに関連する場所です。つまり、前頭葉の機能が衰えると、これまでなら受け入れられたことが、「感情的に受け入れがたい」ということが増えてきます。また、軽度でも認知症の傾向が見られる人では、思考の柔軟性の低下が認められるといわれています。[*15] こうしたことから、新しい場所で生活をするという柔軟な考え方に理解を示しにくいということがあるわけです。

　では、どのように切り出すのがよいのでしょうか。子は親のことが心配です。早く安心できる状態になってほしいと願います。そのために、親に施設への入所などの「変化」を促す場合、子ども側からは抜本的で大きな変化を期待しがちです。けれども、親の負担を考えれば、できれば小さなステップから始めて変化を促してほしいのです。

例えば、自宅に親を引き取りたいと思っているときは、まずは数日だけ家に来てもらって泊まってもらう。そういうことを何回も繰り返したのちに、本格的に同居するという方法です。このように一時的な変化・わずかな変化であれば、親の認知機能にそれほど大きな負担をかけません。旅行に行っても生活の変化は一時的なので、突然認知症になる、ということは起こりにくいわけです。また、依然として生活基盤は自宅にあるという安心感もあります。

私が以前、東北地方の医療機関に勤務していたときは、冬の間だけ息子の家に住むというような選択をしている高齢者がいました。冬は親世代だけでは雪かきも大変ですし、冬という限定された期間ならば、お互いに過ごしやすいのです。結果、「本当は同居を考えたが、合わないからやめた」という人もいます。一方で、「暖かいし過ごしやすいから、向こう（子の家）に引っ越すことにした」という人もいます。住んでみないと分からないことも多いですから、親への負担を考えると、期間を区切って同居してみるのは良い方法だと思います。

この「お試し」のメリットは、親に対してのみのものではありません。あなたのパートナー、夫や妻の理解を得やすいということもあります。例えばあなたが男性で親の面倒を見たいとします。けれども妻としてみれば「義理の親の面倒は見たくない」という気持ちが出てきてしまっても不思議ではありません。そして「どのぐらい面倒を見なければいけないのか？」と不安でいっぱいです。「食事の準備もしなければいけないの？　お風呂は？　下のお世話も必要？」……想像は膨らんでいき、無限に世話をしなくてはいけないような気持ちになります。

一方、1～2泊だけならば、まあ我慢もできると思います。実際に泊まってもらうと「思ったほど世話をしなくていいんだな」ということを実感できるかもしれません。そうなれば協力も得やすいということがあるのです。

献身的に介護する人ほど仲が悪くなる

親が高齢になると、介護の問題を避けることはできません。もちろん健康に一生を過ごし、介護を受けることなく「ピンピンコロリ」で亡くなる親もいるわけですが、その確率は高くありません。公益財団法人生命保険文化センターによれば、介護を受ける確率は70代後半で12・6%、80代前半で27・0%、80代後半以上で59・3%となります。厚生労働省の簡易生命表によると、親がすでに70歳なら、その時点での平均余命は男性なら85歳、女性なら89・5歳です。ということは、仮に現在、両親・義理の両親が全員70歳だとすれば、父親の3割弱、母親の6割は今後介護を受けることになると考えるのが妥当です。母方・父方の両親が1人も介護を受けない確率は計算上1割程度ということになります。

ではいざ介護が始まったら、どのぐらいの期間続けることになるのでしょうか？　参考になるのが「健康寿命」と「平均寿命」という考え方です。平均寿命とは0歳時点の平均余命のことで、一般に何歳まで生きられるかを統計から予測したものです。では健康寿命は何かというと、健康上の問題で日常生活が制限されることなく、自立した生活を送ることができる期間です。つまり、平均寿命から健康寿命を引いた差が「健康的に過ごせていない期間」であり、「要介護、あるいは要介護まで行かなくても何らかの問題を抱えている期間」と考えられます。

2016年の日本の男性の平均寿命は80・98歳、健康寿命は72・14歳であり、その差は8・84年。女性の平均寿命は87・14歳、健康寿命は74・79歳で、その差は12・35年となっています。よって、介護期間は約10年を見込んでおくのが妥当かと思われます。

ではいざ親の介護を始めるとき、誰が担うことになるのでしょうか？ きょうだいの誰か？ 施設にお願いする？ と迷うことがあります。費用的な問題もありますが、何よりも介護を他人に任せるより自分たちでしてあげたい、という思いもあるでしょう。一方で、介護が大変すぎると自分や家族が疲弊してしまって、生活が成り立たなくなる。そんな話も聞きます。あなたの周りでも、親の介護によって家族がボロボロになったという話を聞いたことがあるかもしれません。

介護期間は約10年を見込んでおく

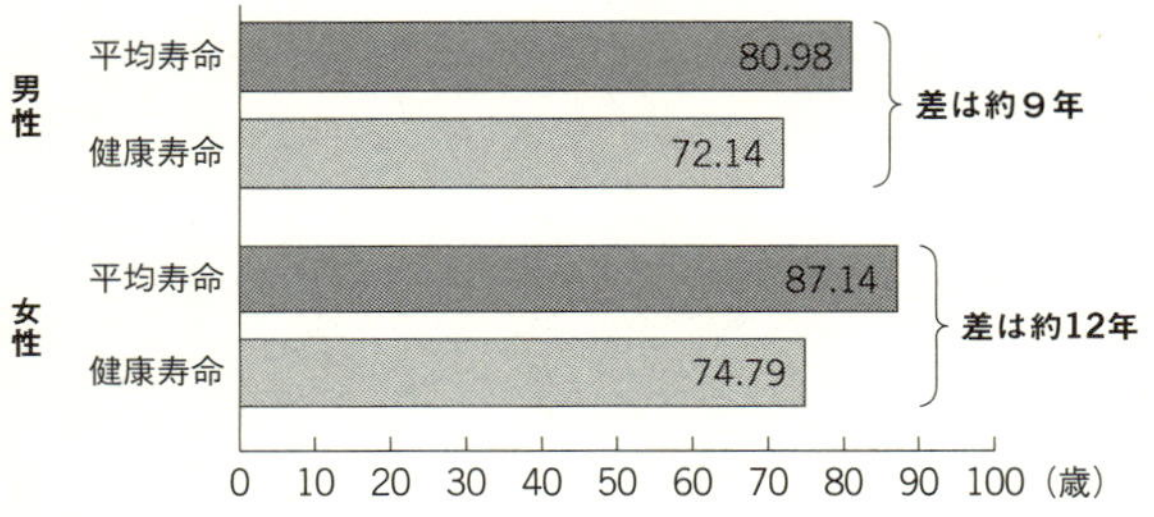

出所：平均寿命は厚生労働省簡易生命表、健康寿命は健康日本21（第二次）中間評価報告書より。いずれも2016年時点

そこまで自分たちの生活を犠牲にして介護をがんばったら、さぞかし親に感謝されるだろうと思うかもしれませんが、現実は意外とそうでもないのです。むしろ、しっかり介護しているのに煙たがられる。家族総出で介護している長男家族よりも、たまに顔を出すだけの次男の家族がかわいがられる、というケースは少なくありません。

最も身近にいる人を疑う

象徴的なのが「物盗られ妄想」というものです。よくあるのが、認知症になった親が「財布をなくした」と思ったとき、普段あまり介護に協力しない子どもや週に1回しか来ないヘルパーより、最も献身的に介護をしている長男の妻を疑ったりします。

子の妻「ご飯の用意ができましたよ。食べましょうね」
親「私の財布がなくなったんだけど」
子の妻「そうなんですか？」
親「そうなんですかって、あなたが盗ったんじゃないの？」
子の妻「盗ってなんかいませんよ」

これはなぜなのでしょうか。しょっちゅう顔を合わせるから仲が悪くなる。そういう面もあるかもしれませんが、そこには医学的な理由もあるのです。

認知症ですべてを忘れてしまうから、と思いがちですが、そうでもありません。認知症になっても家族の名前は覚えているし、日常生活もある程度自分でできる。けれども、高齢者の記憶の「ある特徴」により、親は身近な人をいぶかしく思ってしまうのです。

若い人でもそうですが、特に高齢者の場合、「感情を伴う記憶が残りやすい」という特徴があります。一方で、感情を伴わない記憶は残りにくい。あなたも、仕事上すごく怒ったエピソードはよく覚えているけれども、感情の起伏が起こらなかったエピソードは忘れてしまって思い出せない、ということがあると思います。高齢になるとさらに、記憶しやすい事柄、しにくい事柄が明確になってきます。

例えば、子どもが親の食事の介助をしているとき。介助しながら、怒ったり、泣いたり、喜んだりということはあまりありませんよね。淡々と食事の介助を行います。けれども、もしせっかく作った料理を親がひっくり返したら、「あー、せっかく作ったのに」と怒りや虚しさがこみ上げ、つい態度に出てしまいます。その負の感情は、目の前の親にも伝わります。つまり介護という場面では「良いことをしているとき」は感情がなく、記憶に残りにくい。一方で、ネガティブな出来事が起こったときほど怒りなどの感情が出て、記憶に残りやすいわけです。

さらに、高齢になると、昔からの記憶（長期記憶）は残っていますが、最近の出来事についての記憶（短期記憶）が抜け落ちやすいという問題もあります。「鍵をどこに置いたか」「お昼ご飯を食べたか」は忘れてしまうけれども、「過去に失恋したエピソード」「昔仕事で成功した話」をいまだに覚えています。

この2つの記憶のメカニズムがあるために、認知症があって記憶力が減退すると、物盗られ妄想が起きやすくなります。まず、感情と記憶の結びつきから、普段からサポートしてくれている人に対してネガティブな記憶が定着します。さらに短期的な記憶のために、財布をどこに置いたかをすっかり忘れてしまいます。その結果、「財布を持っていたのになくなった」「身近なこの人はいやな人だ」という2つの記憶によって、身近な人が疑われやすいというわけです。

誰が盗ったのか、犯人探しはしない

疑われてしまった場合、最もありがちで、最も「お勧めできない」対処法は「私は盗っていません！」と答えることです。もちろん、盗っていないのは事実なので、ありのままを答えたくなるのは無理もありません。しかし、あなたに悪い感情を持っていて、疑っている人に、いくら「盗っていない」と言っても、全く信用してもらえないのです。ですから、「ないんですか？　一緒に探しましょう」と言って一緒に探し、本人に見つけてもらうという方法をお勧めします。

また、周りの人が一番やってはいけないことは、「同じように疑うこと」です。長男の妻が介護をしていた。あるとき親の財布がなくなって、「うちの嫁が盗った」と言っている。そんなとき、長男も「お前が盗ったのか？」と聞いてしまうのは最悪です。

私がかつて勤めていた病院でも、同じように入院患者さんによる物盗られ妄想の事件がありました、そのとき、ダメな上司はまず職員を疑ったのです。お察しの通り、その上司に対する職員からの信頼は一気になくなってしまいました。一生懸命介助してがんばっている人を第一に疑うというのは、絶対にやってはいけません。

ではどうすればいいのでしょうか。「誰が盗ったか」なんてどうでもいいので、肝心の財布を探すということです。それで見つかれば、介護者の容疑が晴れます。犯人捜しよりも、まずはなくなったものを探し出すことが大切です。

誰だって疑われるのは気持ちのいいことではありません。一番良いのは、疑われないことです。そのためにはどうすればいいのでしょうか。大切なのは、ここでお話ししたような高齢者の記憶の特性を理解した上で、かかわる際の態度を工夫することです。

具体的には、普段のなにげない介助のときに、良い感情を交えるようにします。食事のときは「おいしいですよね」と声をかける。些細なことでも「ありがとうございます」と感謝を伝える。介護までしているのに、こうした声掛けは面倒だと思うかもしれませんが、長い目で見たときに、そうすることであなたも介護を受けている人も楽になれるのです。そして、介護を受けている人が何か失敗をしてしまったときも、できるだけ淡々と対処するように心がけてください。

「高齢者は性的なことに興味はない」は間違い

親を施設に入れれば一安心、というわけではありません。思いもよらない問題が持ち上がることもあります。例えば、高齢になったら性的な興味などないだろう、と勝手に思っていないでしょうか。

老人福祉施設において、男性の29％に恋愛や性に関するトラブルが起きているという調査があります。[*16] やはり男性はいくつになってもそういう問題があるのか、と思いきや、女性も、22％が恋愛や性のトラブルを経験しているという事実があります。具体的に、どういうトラブルがあるのでしょうか。

1つはセクハラ（セクシャル・ハラスメント）の問題です。医療現場でも、高齢の男性患者さんが女性看護師のお尻を触るなどのセクハラをすることが問題となっています。私はこれまで多くの医療機関で働いてきましたが、セクハラ問題が生じなかった病院はないと言ってもいいぐらい、頻繁に起きてしまっている問題です。

看護や介護の現場では、スタッフが仕事のために患者さんや施設利用者と直接触れ合います。そのため、施設利用者や患者さんがスタッフに性的な関心を持ってしまうと、セクハラに発展しやすいのです。セクハラをする側からすると「コミュニケーションのつもり」「単なるあいさつ代わり」「このぐらい問題ないだろう」と軽く考えがちです。一方、セクハラをされた側からすると「あの人はトラブルを起こすから、できれば看護（介護）を避けたい」という気持ちになります。「昭和の頃はそのぐらい普通だった」と言われる方もいますが、トラブルが起きた場合、それは許される行為ではないということを、ご家族からも言っておく必要があります。

また、恋愛感情のもつれということもあります。施設の入居者同士が恋愛関係になる、または一方的に相手を好きになる、ということからトラブルに発展するケースです。特に、夫や妻に先立たれている人の場合は、「前はダンナがいたからそういうことはしてはいけないと思っていた。でももう他界したし……」という心境の変化から、入居者に恋愛感情を抱くことがあります。さらに、認知機能の衰えがあると前頭葉の機能が低下して、行動が自制できなくなってしまうという問題もあります。

恋愛感情というのは一度持つと根深いものです。施設内での不適切な関係など、閉鎖された環境によって起きてくるトラブルもあります。恋愛の場合はセクハラのように悪というわけではありません。しかし、相手が拒絶しているのに執拗に追い回してしまうというのは問題行為です。難しいのは、往々にして本人には追い回している意識があまりないということです。好きな施設入所者の男性がスタッフの女性と話しているところを見て、嫉妬して暴力をふるってしまう、などのように、エスカレートしてしまうと問題です。

性的なトラブルといっても、必ずしも体の関係を求めるものばかりではありません。特に女性は、恋愛感情を持った相手に体の関係を求める傾向が、男性と比較すると低いということも分かっています。

最も多いトラブルは「アダルトサイト」

高齢の親を見守る子世代は、自分の親は高齢だから性的なことにはもう興味がないだろうとは決して思わないことが大切です。施設などの環境でなければ問題ないのかというと、そうでもありません。自宅でのトラブルもあります。特にそちらは金銭的な問題もかかわってきます。アダルトサイト・出会い系サイトの使用や、それらに伴う高額請求の問題です。

国民生活センターが実施した60歳以上の消費生活相談調査（２０１６年）で、高齢者の相談の1位は何だったかというと、アダルトサイトの利用に関するものでした。[*17] 2位はパソコンサポート、3位は医療サービスなのですが、高齢になって起きてくる体の数々の不調に対応してくれる医療サービスより、なかなか慣れなくて操作がおぼつかないパソコンのサポートより、アダルトサイトの相談が多かったのです。

あなたが50代の男性だったとして、インターネットで若い20代の女性から「ぜひ会いたい。好きです」と言われたら、どう思うでしょうか。ついつい舞い上がるでしょうか？　インターネットに慣れている人なら、最初は「詐欺では？」「まさかそんなことが」と思うでしょう。

けれどもインターネットに慣れていない高齢者は「そういうこともあるかも」とついつい思ってしまいます。70代になっても20代の女性と知り合えると本気で思ってしまいます。もちろん世の中には現実にそういうケースもあることは事実です。ただ、非常にまれであり、そういう出会いで費用が発生する場合は、一度は詐欺を疑うべきです。

出会い系以外にも、アダルトサイトを見て「あなたのＩＰアドレスは○○です。分かっていますので法的措置を取られたくなかったら下記の口座に10万円振り込んでください」というような画面が出てきます。ある程度の知識があれば、接続先から自分のＩＰアドレスぐらいは分かるだろうし、こんなものに応じる必要はないということに気づけるでしょう。けれども、知識がない高齢者はあわてて、だまされてしまいます。アダルトサイトを見ていたことを知られたくないという思いがあるため、なかなか周囲に相談できず、結果として振り込んでしまいます。さらには振り込んでしまったことが恥ずかしくて、誰にも言えません。そうやって、子が知らない間にだまされてしまっているのです。

高齢者が施設でのトラブルや自宅でのインターネットによる被害などを起こさないためには、何かトラブルがあった際に相談しやすいような関係性を築いておくことも大切です。

施設でのトラブルであれば、普段の会話の中で、他の入居者やスタッフとの関係性をそれとなく探っておくのが良いでしょう。その中で「実は○○さんのことが好きで」なんていう話が出てくることがあり得るのです。さらには「この前お尻を触ったぐらいで怒られた」なんていう時代錯誤な話が出てくることもあるでしょう。大きなトラブルになった場合、施設は連絡してくれますが、小さいトラブルの場合はあなたに情報が届かないことがあります。

インターネットでのアダルトサイトトラブルに関しては、「ネットでのトラブルはいろいろあるから気を付けて」と言って、1つの例としてアダルトサイトのトラブルの例なども話しておくと良いでしょう。「間違えてそういうのを押してしまうこともあるから」などと言って、故意ではなくてもあり得ることや、突然の請求があったら、必要であれば自分が代わりに対処できることを伝えてあげることで、トラブルを未然に防ぐことができます。

片方の親が亡くなって半年は注意が必要な理由

年老いた親が亡くなるということは、あまり考えたくないものです。とはいえ、残念ながらそれはいつか起こります。そしてほとんどの場合、一緒に亡くなることはなく、父親か母親、どちらかが先に亡くなります。そのとき注意が必要なのは、残された親の心身のケアです。なぜかというと、伴侶と死別した高齢者は、その後半年間は死亡率が40～50％上昇するということが分かっているからです。[*18] 片方の親の死から半年間。なぜこの時期が重要なのでしょうか。

一番の問題は、精神的な落ち込みです。長年連れ添ってきた相手が死去してしまう。そのことによって、生活に張り合いがなくなります。まして高齢になると、人付き合いの幅も限定されます。限定された中で最も親密だった伴侶がいなくなるために、喪失感がより大きくなるわけです。孤独が増し、ストレスがかかり、最悪の場合、自死などのリスクも考えられます。そのような直接的な問題だけではありません。心理的ストレスは病気や体調不良なども引き起こします。心臓や脳の血管にも負担をかけます。

伴侶に先立たれると、生活も一変します。2人だからこそどこかに出かけていたものが、出かけにくくなります。運動量も低下して病気の発症を促します。話す相手もいなくなるため、会話量も減ります。毎日家の中で何気ない会話をしていたものが「いまではテレビを見て独り言を言っている」ということになります。そうすると、発話自体が減り、声帯機能の低下や肺活量の低下が危惧されます。

そういう意味で、仏教における「四十九日」の法要は、一定の役割を果たしています。四十九日まではいろいろとやることが多いので、忙しく過ごすことになります。気持ちが落ち込むこともありますが、「親戚に連絡をしなくては」「手紙を送らなくては」「お返しを考えなければ」と、やるべきこと、考えることがいっぱいあります。こうした作業は気持ちが沈んでいる人にさらなる負担をかけてしまい、良くないのではないか、と思われがちですが、四十九日に向けたさまざまな準備によって、人とのコミュニケーションをとり、寂しさを紛らわす時間ができるというメリットはあるわけです。

アルコール、うつ、そして自炊の問題

両親のどちらが残されても心配はありますが、特に注意が必要なのは、父親が残された場合です。残されたのが男性だと、食事の内容が偏りがちになります。アルコール依存症になるリスクも上がります。うつになるリスクも上がります。よく冗談交じりに「女性が残されたほうが長生きする」と言われますが、それは冗談ではなく、本当のことなのです。

あなたの父親はご飯を自分で炊いて、料理を自分でできるでしょうか。いまの高齢者は、「男性は外で働き、食事は女性が作る」という時代に生きた人が多い。そうすると、妻が亡くなったとたんにお米1つ炊けない。鍋の場所も、おたまの場所も分からない。そういう人が多いのです。

最初はコンビニやスーパーで総菜を買ってくればよいでしょう。けれどもいつまでもそういうわけにもいきません。できる限り自炊をして、健康的な生活をしてもらいたいものですが、それができないのです。結果として「糖質や脂質の多い食事」や「塩分の多い食事」に偏りがちです。もともと持っていた高血圧が悪化してしまうことも珍しくありません。

精神的なダメージにも注意が必要です。男親のほうが子どもに弱い面を見せないことが多いので、一見あまりショックを受けていないように振る舞っているかもしれません。けれども実際はかなりのショックを受けています。アルコールの量も増えていきがちです。[*19] 以前はそれほど飲んでいなかったのに、いつのまにか毎日お酒を飲むようになっていないだろうか、どんな食事をしているのだろうか、など、特に男親が残った場合、半年間はこまめに連絡をして生活を見守る必要があります。

とはいえ、忙しい日々の生活の中で、ついつい連絡する機会を失ってしまいがちです。時間があるときに電話をかけようと思っているだけでは、いつまでたっても時間はできません。そういう場合は、「いつ電話をかけるのか」を具体的に決めておくほうがよいでしょう。例えば週に1回、日曜日の夜8時に電話する、という具合に決めておくのはどうでしょうか。すると親も「そろそろ電話が来る時間だな」と分かってくるので、お風呂に入っていて出られなかった、という行き違いも避けられます。

せっかく電話をするのなら、要件だけで済まさずに、あえて雑談をちょっとだけ混ぜてみてください。「最近どう？」というあいまいな質問だと答えにくいので、「食事はちゃんと食べてる？」「最近よく眠れてる？」などと聞けば、こちらが心配していることもしっかりと伝わります。本当はあまり食べられていなくても、眠れていなくても、なかなか正直に言ってくれないということもあるでしょう。それでも、あなたを気にかけているという気持ちは伝わります。

また、独居になったとたんに地域で孤立してしまうことを防ぐために、近隣のカルチャーセンターやジム、音楽教室など、ある程度人とコミュニケーションをとる場を持っておけるとよいでしょう。本当は「親しい友人を作って」と言いたいところですが、人と深い関係を作ることはなかなか難しいものです。カルチャーセンターやジムなどのように有料の場であれば比較的気が楽ですし、参加している人の興味・関心も似ているので入っていきやすいというメリットがあります。ぜひ検討してみてください。

第3章

老いた親はなぜ料理に ドボドボしょうゆをかけるのか

高齢になると若いときより12倍塩味を感じなくなる

介護が必要になった主な原因のうち、男性の1位、女性の5位が「脳卒中」です。脳卒中の背景にはさまざまな要因がありますが、最大のものを挙げるとすれば「高血圧」でしょう。高血圧の予防のために塩分の取りすぎを控える。このことは誰もが知っていることと思います。しかし、なかなかそれができない。まして高齢になって血圧がだんだん高くなってきたのに、むしろ塩分を欲してしまうことさえあります。これはなぜなのでしょうか？

その原因の1つに味覚の衰えがあります。高齢になると味覚が衰えるということをご存じの方もいると思いますが、味覚というのは均一に衰えていくわけではありません。高齢になって視力が衰えて老眼になったとき、手元が見にくくなるけれども遠くは見える。それと同じように、味覚が衰えたときも「衰えるところ」と「衰えないところ」があるのです。ではどの味覚が一番衰えるのかというと、それが塩味を感じる味覚です。

子「父さんそれ、しょうゆのかけすぎじゃない？」
父「何を言っているんだ。ちょうどいいぐらいだよ」
子「そうなの？ ちょっと食べさせて……うわっ！ しょっぱいよ」
父「そうかなあ」
母「そうなのよ。お父さん最近すごくしょうゆを使うようになって。血圧が高いんだからやめてって言っているのに」

味覚には塩味・苦味・うま味・酸味・甘味というものがあります。その中でも塩味は、高齢になると若いときよりも12倍感じにくくなるという研究があります。[*1] 一方、そのほかの味覚は塩味ほど感じにくくはならず、うま味は5倍、甘味は2・7倍というように、種類によって違いがあります。

普通、味覚が衰えるというと「味がしなくなる」という印象を持ってしまいます。そのため、仮に塩味だけが感じにくくなったとしても、それが味覚の衰えとは気が付かず、「料理の問題」だと思ってしまいがちです。

外食が多かった人が薄味に慣れていないことも

会社員のときは仕事の接待などで外食が多く、濃い味付けの料理を食べることが多かったという男性が、定年退職後に自宅で妻の手料理を食べる機会が増えたことで、「味付けが薄い」と感じることもあるそうです。「料理がまずい」と文句を言ってはいけないと思い、しょうゆをかけたりして調整していたところ、それは妻にとっては非常に気に障る行為であり、ケンカになってしまいます。

このように、味覚の衰えというのは家族間のトラブルまで引き起こすものです。そして何よりも、塩分の取りすぎは体の異常をきたす、高血圧を引き起こすという問題があります。

健康診断で高血圧の結果が出ても、それを誇らしげに言う人がいます。もちろん高血圧は万病の元であることは知っているけれども、何となくピンとこないからでしょう。一方で、医療現場にいると、高血圧で苦しむ人をたくさん見ています。そうした人たちも、最初は「血圧ぐらい」と言っていたのです。

ある男性は、高血圧を指摘されていましたが、長年放置していました。上の血圧が200㎜Hgを超えることがあっても、「忙しいから」と医師に診てもらわなかった。本当は、作ろうと思えば内科に行く時間が作れないわけではありませんでした。なぜなら、彼には趣味の釣りをする時間がありました。お酒を飲みに行く時間もあったのです。

そんな生活を続けているうちに、突然目の前に黒い点々がたくさん出てきました。手で払ってみても取れません。目自体に何か問題がありそうです。「寝れば治るかな」と思って寝てみますが、1日たとうが2日たとうが消えません。そうこうしているうちに、もう片方の目も同じような状態になり、ついに見えなくなりました。

実は、この黒い点々は、高血圧を原因とした目の奥の出血が始まっているサインだったのです。このように、目の出血、脳の出血、心臓の病気など、さまざまな病気を引き起こしてから初めて受診する高血圧の患者さんは後を絶たず、医師は「なぜもっと早くに血圧を下げなかったのか」と言いたくなる状況なのです。

うま味や酸味を上手に使う

令和元年（2019年）国民健康・栄養調査によると、日本人の食塩の摂取量は平均10・1g（男性10・9g、女性9・3g）です。一方、日本人の食事摂取基準2020年版では、日本人の食塩の目標摂取量は男性7・5g未満、女性6・5g未満と設定されています。国が定めた目標に比べて、まだまだ塩分の摂取量が多いわけです。

とはいえ、がんばって塩分をひたすら我慢するという方法には限界があります。食事指導などを受けて適切に減塩する上でも、人間がどのように味覚を感じているのか、それが加齢でどう変わるのかを知って対策を講じたほうが効果的です。

塩分の制限の仕方に関しては栄養士さんやクリニックに相談することをお勧めするとして、ここでは高齢になって味覚の変化が起きたときにどうすればそれを補えるか、という視点でお話をします。

まずは塩分よりも加齢の変化を受けにくいうま味成分を使うことです。具体的に言うと、味付けを塩分に頼るのではなく、だしを使って味を補うのがいいでしょう。さらには酸味という衰えにくい味覚をアクセントに使うことで、塩味をより感じやすくなります。食事の中に酸っぱい料理を入れておくのです。こうしたアクセントを使うだけで弱った味覚を補うことができるという研究もあります。[*2] 塩味自体も、普通の塩加減の料理と薄めの料理を作ることでメリハリができ、塩味をより感じやすくなり、食事全体の満足度につながります。

味覚は、舌だけではなくて嗅覚・視覚からも大きく影響を受けます。子どもの頃、嫌いな食べ物を目をつぶり鼻をつまんで食べた経験がある方もいるでしょう。実際に、味覚以外の感覚を遮断すれば、味を感じにくくなるのは事実です。反対に、色合いがいい料理のほうが視覚を刺激し、おいしく感じやすいということも分かっています。[*3]

食卓の照明も、蛍光灯のような青白い色よりは、白熱灯のような電球色のほうが食事をおいしく感じられます。食卓は電球色にしてみるのも1つの方法です。さらには食器の活用も効果的です。ついつい何も考えずに白い米を白い茶碗に入れがちですが、白い米は黒い茶碗にのせたほうが、色の差（コントラスト）が出るためにおいしく感じられます。同様に、黒っぽくなりがちな魚や肉に関しては、白いお皿に盛りつけたほうがコントラストが出ておいしく感じられます。実際私の勤務する病院では、高齢の患者さんが多いため、なるべく黒い茶碗に白いお米、白いお皿に肉・魚を盛り付けるように取り組んでいます。おかげで病院食にもかかわらずおいしいと多くのお声をいただいています。

亜鉛をとって味覚の低下を防ぐ

減塩に取り組む際にもう1つ注意したいのが、亜鉛不足です。亜鉛が足りないと、味覚が衰えやすいということが分かっています。日本人は、知らず知らずのうちに亜鉛の摂取量が不足しています。日本人の食事摂取基準2020年版では、亜鉛の推奨量は、成人男性では1日に10～11㎎、成人女性では8㎎とされていますが、実際に日本人が1日に摂取している亜鉛の量は、男性9・2㎎、女性7・7㎎にとどまります（令和元年国民健康・栄養調査）。

亜鉛不足の原因は、食べ物からの摂取量の不足だけではありません。亜鉛を体から排出しやすくなる食べ物の取りすぎの影響も見過ごせません。例えば加工食品などに使われているフィチン酸やポリリン酸は、亜鉛を排出しやすいといわれています。[*4] つまり、加工食品を食べれば食べるほど亜鉛が不足しがちになり、味が濃いため塩分の取りすぎにもつながるのです。

亜鉛が多く含まれる食材には、牡蠣・カニ・牛肉・レバー・卵・チーズなどがあります。亜鉛の推奨量が男性10～11㎎、女性では8㎎ということを考えると、牛もも肉なら200g程度、牡蠣フライなら3個程度で摂取できます。

歳をとってきた親に「食事の塩分を控えめにしてみたら?」と提案しても、「減塩食っておいしくないんだよね」と反発されてしまうかもしれません。ですが、うま味や酸味を生かした味付けにすることや、亜鉛をとることで味覚の衰えを防ぐことなどを話すと、工夫次第では塩分を減らした食事でも楽しめるな、と思ってもらえるかもしれません。

血糖値が高いと目の病気の原因に

脳卒中のリスクを上げるのは高血圧だけではありません。糖尿病も問題になります。糖尿病は血液中の糖の濃度が高い状態が続く病気で、体内の血管にダメージを与えてしまいます。健康診断で「血糖値が高めですね」と指摘されただけで、まだ糖尿病という段階ではない場合、積極的に対策をとろうとは思わないかもしれません。しかし、血糖値が高めの状態でも、すでに血管への影響は出てしまっているのです。

血管への影響という点では、脳だけでなく「目」も注意が必要です。実は糖尿病でなくても、血糖値が高めなだけでも目の病気になりやすいことをご存じでしょうか。血糖値が高いと、とりわけ失明原因1位の緑内障になりやすいことが分かっています。[*5]

血糖値が高いと、血管に糖（ブドウ糖）がこびりつきます。そのこびりついた糖によって炎症反応が起き、血管が弱くなり、そこから血液成分が漏れ出します。はたまた血管自体に傷がついてしまい、出血します。しかし、目の血管がこのようにしてダメージを受けても、視力はなかなか落ちません。

この血管の異常は、目の網膜という組織で起こります。網膜は目の奥にある、フィルムカメラであればフィルムに相当する部分です。ただフィルムと違う点としては、物の存在や形状を識別する能力（視力）は、網膜の中心のごく一部である黄斑部《おうはん》に集中しているということです。中心以外の部分でも広く見えてはいますが、黄斑部以外で文字を認識することはできません。「なんとなくこの範囲」ということが分かるだけです。つまり、黄斑部にさえ出血やむくみが起こらなければ、視力は低下しません。

そして、周辺に出血など問題が起きているのに自覚症状が全くない期間が続き、そうこうしている間に血管はより脆弱《ぜいじゃく》になっていき、いつしか物を見る中心である黄斑部にも出血やむくみが及びます。

そうなった段階でやっと「見にくくなったな」と感じるのです。まして人間の目は2つあるので、片方が見にくくなってももう片方の目がカバーしてくれますし、「多少疲れているのかな」と思って様子を見てしまいがちです。

このようにして網膜に血管障害が起きるのが、糖尿病の合併症である「糖尿病網膜症」です。視力が下がってきたということは、すでに糖尿病としてはかなり悪い状態であるといえます。

血糖値を下げないと目の状態は改善しない

普通に考えたら眼科に行って治療を受ければ「目は良くなる」と思います。けれども糖尿病網膜症の場合はそうはいきません。通常、糖尿病による目の病気は「どんどん悪くなる」ものです。それはなぜか。糖尿病網膜症は、目の病気のようでいて目の病気ではないからです。

血管や血糖値、血圧など全身の状態によって容易に目の状態も悪化するため、どんなに目の治療だけ完璧にしたところで不十分なのです。血糖値や血圧など、目に関連する全身の状態を良くする必要があります。したがって、目に対する治療は悪化を食い止めるというのが主な目的になります。

さらに、血糖値の高さが目に与えるダメージが遅れてやってくるということも知っておかなければなりません。血管の壁に糖がこびりついていると、状態が悪くなります。仮に昨日まで血糖値が高くて今日から正常値になったといっても気を抜けません。血糖値が高いときに血管にこびりついてしまった物質は、血糖値が正常化したからといってなくなるわけではないからです。

だからこそ、目の治療と併用しながら内科の治療で血糖値が低い状態を長く保つ必要があるのです。

仮にいま糖尿病ではなくても、血糖値が高ければ、糖が血管にこびりつきやすくなります。結果として、血糖値に何の問題もなく一生を過ごしてきた人と血糖値高めで推移してきた人とでは、血管の状態が変わってしまうのです。血糖値が高めの人には、血流が悪くなったり、出血しやすくなったりという血管系の問題が生じます。そのため糖尿病に至らなくても、血糖値を下げて安定させることが緑内障やそのほかの目の病気にとっても必要なのです。

ではどうすればいいのでしょうか。血糖値が高めな人は、糖尿病の人と同じように「カロリーの取りすぎを避け、適切な食事量にする」必要があります。また、血糖値の急上昇を引き起こす砂糖や精製小麦などを多く使った食品は控えめにして、糖質の摂取量を調整する必要があります。

もちろん、血糖値が高いことで脳の血管にもダメージがあります。血糖値が高い状態が続くと、血管が硬くなりやすく、詰まりやすくなって、特に脳梗塞のリスクが上がります。ぜひ、糖尿病になる前の「血糖値が高め」の段階で対策をとるようにしましょう。

ぜひ受けたい「眼底検査」

目の病気の早期発見と、脳卒中の危険性の両方が分かるのが「眼底検査」です。とても重要な検査ですので、眼科医としては積極的に活用していただきたいと考えております。

眼底検査とは、眼底鏡を使って眼科医が直接、眼球の奥にある部分（眼底）を観察したり、眼底カメラで撮影して状態を判定します。緑内障や糖尿病網膜症、黄斑変性などの目の病気のほか、網膜の血管の動脈硬化を調べることができます。

目の血管は、人体の中で体の外から直接血管を見ることができる唯一の場所です。もし眼底検査で動脈硬化が進んでいることが分かれば、脳卒中のリスクも高いということになります。血圧や血糖値が高かったり、コレステロールや中性脂肪が高いという場合は、定期的に眼底検査を受けて血管の状態をチェックするといいでしょう。

眼底検査は、会社の健康診断には含まれていないものの、人間ドックや、一部の自治体の特定健診などで受けることができます。眼底には、目や全身の病気の早期発見につながる情報が詰まっているので、親だけでなく自分も50歳を過ぎたら一度受けてみることをお勧めします。

目や脳の血管が詰まりやすいのは「冬」

脳卒中のうち、およそ4分の3を占めるのが、脳の血管が詰まる「脳梗塞」です。ただ、血管が詰まるのは何も脳だけではありません。心臓や目の血管が詰まることもあります。

心臓の血管が詰まり、心臓を動かす筋肉である心筋に血液が届かなくなるのが「心筋梗塞」です。突然、胸に大きな痛みが襲い、押しつぶされるような圧迫感が生じます。血液が届かなくなった心筋は酸素不足で壊死してしまうので、一刻も早く治療を開始しなければなりません。

目の血管が詰まる病気は「網膜静脈閉塞症」と呼ばれます。脳梗塞や心筋梗塞に比べれば、目の血管の病気は命にかかわらないし、大きな問題はないと思われがちです。しかし目の血管の詰まりは、それがわずかであっても視力低下をきたします。目の血管は他の臓器の血管と比べて非常に細く、場合によっては1㎟程度の詰まりであっても目にとっては深刻で、視力が0・1以下に下がるような状態になってしまいます。

脳や心臓、目の血管が詰まる背景には、動脈硬化があります。血管の壁の中にコレステロールが入り込み、プラークと呼ばれるコブができることで血管内が狭くなることで詰まりやすくなります。また、プラークが破れて生じた血栓（血液の塊）が脳の太い血管をふさいで脳梗塞が起きることもあります。

そして、血管が詰まりやすくなる季節といえば冬です。冬は乾燥しており、体の水分が不足して血液がドロドロになりやすいのです。夏は熱中症を心配してこまめに水分をとったりしますが、冬はつい水分摂取をおろそかにしがちです。さらにお酒を飲む機会も多くなります。お酒には実は脱水作用があるために、むしろ水分が足りなくなってしまうのです。

冬のように空気が寒いとき、人間の体は血管を収縮させて血圧を上げます。そうやって血流を維持して体を守っているのですが、血圧が上がると血管には負担がかかります。そして急に寒いところから温かいところに移動すると、血管が広がって、血管の中にある血栓がはがれて目や脳、心臓などの血管を詰まらせてしまうことがあります。

特にもともと高血圧がある人、中性脂肪やＬＤＬ（悪玉）コレステロールが高いなどの脂質異常症がある人、メタボ体形の人などは、血管が詰まりやすい素因を持っているので要注意です。さらにはタバコを吸っている人も、血管がより詰まりやすいと言えます。

水分は一気に飲むのではなくこまめに飲む

では、どうすれば血管が詰まるリスクを下げることができるでしょうか。もちろん、高血圧や脂質異常症、糖尿病などがある人は、きちんと受診し、治療を受けなければなりません。さらに、特に冬でも水分を十分に摂取することが大切です。アルコールだけでなく、コーヒーなどのカフェイン入りの飲み物にも脱水作用があるので、カフェインの入っていないお茶や水を意識してとるようにしてください。

また、水分をとるときは一気に飲むよりはこまめに飲むことをお勧めします。500㎖のペットボトルを一気飲みすると、目の圧力が上がりやすいことが分かっています。コップ1杯程度の水分をこまめに飲むようにしましょう。

室内での寒暖差を少なくすることも大切です。暖かい場所から急に寒い場所に行くと、血管が収縮します。反対に、寒い場所から急に暖かい場所に移ると血管が拡張します。急激な変化は血管に負担を与えるため、普段から血管が弱っている人ほどダメージを受けます。

特に要注意なのはお風呂です。冬は浴室が冷え込んで寒い一方で、お風呂は熱々にしているということがよくあります。裸で寒い浴室に入って血管が一気に収縮した後、湯船に入って血管が拡張し、風呂上がりには寒い脱衣所で再び血管が収縮する、といった具合に、血管の状態が激しく変化します。その結果、血管が詰まりやすくなるのです。

こうした寒暖差をできる限り少なくするためには、暖房を使う、お風呂のふたを開けたり、シャワーで湯張りをすることで浴室も温かくする、という工夫が必要になってきます。

また、冬に実家に帰ったとき、脱衣所などが寒くて驚いた経験はないでしょうか。古い家は断熱性能が低く、どうしても部屋の温度が下がりがちです。電気ストーブなどを入れれば改善できますが、いっそ思い切ってリフォームして断熱効果を高めるのも手です。そうすれば、夏は冷房の効きが良くなって、熱中症の予防にも役立ちます。

ほかに、運動不足もよくありません。冬は寒いからといって動かないでじっとしていることも、血管が詰まるリスクを高めます。運動したりして体を動かしていれば、それだけ血流が活発になります。長時間動かないでいると、血流が滞って血栓ができやすいのです。特に、乗り物などで、長時間座った体勢を維持して動かないのは要注意です（ロングフライト症候群、あるいは旅行者血栓症と呼ばれます）。どうしても体を動かせないのならば、足を動かしてみる、伸びをしてみる、などで少しでも血流を良くすることがお勧めです。

一方で、急に思い立ってランニングを始めるのは危険です。箱根駅伝などを見て、急にやる気になって、冬場に走り始める人はけっこういます。毎日走っている人がいつも通り走るのはいいのですが、それまで運動経験があまりない人が急に走ると、心臓や血管に大きな負担がかかります。寒い時期の運動は、最初はウォーキングなど簡単なものから始めて、徐々に運動強度を上げていくようにしましょう。

くも膜下出血で片方のまぶたが下がることも

脳卒中の4分の3が脳梗塞だという話をしましたが、残りの4分の1が、血管が破れる「脳出血」と、血管にできたコブが破裂するなどして起きる「くも膜下出血」です。

脳出血は、脳の中にある細い動脈が動脈硬化によってもろくなり、破れて出血が広がり、脳にダメージが生じます。その背景にあるのは、脳梗塞と同様、高血圧です。高血圧によって血管に強い圧力がかかり続けると、脳の血管は次第にもろくなり、破れてしまうのです。

脳出血が起きると、顔の表情が歪んだり、体の片側だけ力が入らなくなったり、言葉が出てこなくなったりという症状が現れます。

そして、脳出血が起こりやすいのは、これも脳梗塞と同様ですが、「血圧が大きく上下するタイミング」です。例えば、寒い日に暖かい室内から急に屋外に出たり、冷えた浴室で急に熱い風呂につかったりすると、急激な温度変化によって血圧が一気に上がったり下がったりするので、血管が破れやすくなります。また、朝目が覚めたときも血圧が一気に上がるので、脳出血が多いことが分かっています。

一方、くも膜下出血は、脳の動脈にできたコブ（脳動脈瘤）が破裂し、頭蓋骨の内側にある「くも膜」の下の隙間に血液が流れ出てしまうもの。症状として有名なのが、バットで殴られたような激しい頭痛が突然起きること。吐いたり、意識を失ったりすることもあります。

くも膜下出血を起こした人の中には、その少し前に異変に気づく人もいます。脳動脈瘤が破裂する前に少しだけ血液が漏れることがあり、そのとき頭痛を感じるのです。この頭痛は「警告頭痛」と呼ばれています。そのほか、片方のまぶたが重くなり強く下がる、目の動きが悪くなってものが二重に見える、といった症状が事前に出ることもあります。

脳ドックで動脈瘤を見つけておく

片方のまぶたが下がるといっても、どの程度が異常なのかの見分けはつきにくいものです。まぶたが下がって目が開きにくくなった状態を、医学的には「眼瞼下垂《がんけんかすい》」といいます。まぶたの皮膚や脂肪は、眼瞼挙筋《きょきん》という筋肉が持ち上げています。眼瞼挙筋は、動眼神経と

眼瞼下垂の重症度

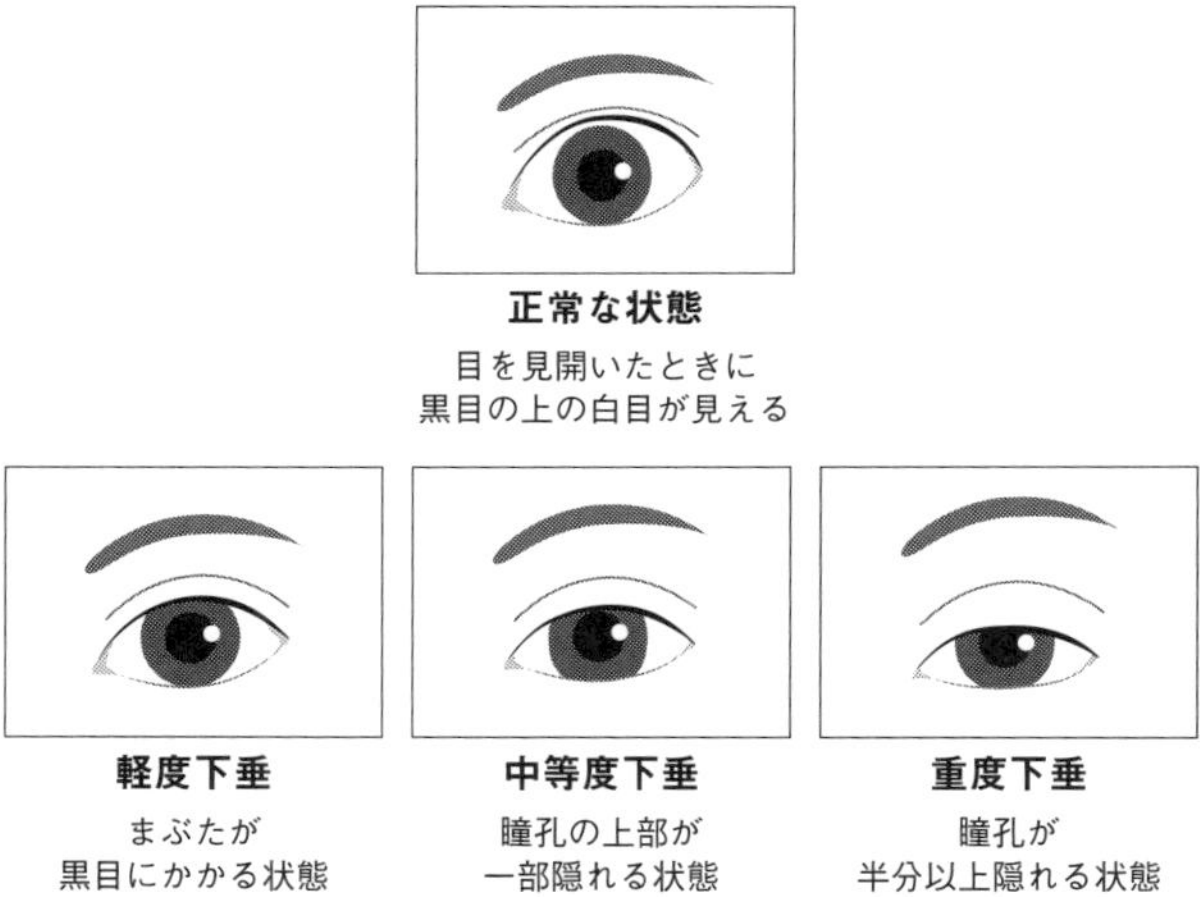

正常な状態
目を見開いたときに
黒目の上の白目が見える
軽度下垂
まぶたが
黒目にかかる状態
中等度下垂
瞳孔の上部が
一部隠れる状態
重度下垂
瞳孔が
半分以上隠れる状態

いう神経に支配されていて、この神経のある場所に脳動脈瘤ができやすいのです。脳動脈瘤ができてしまうと、その動脈瘤が動眼神経に当たり、動眼神経がうまく働かなくなることで、まぶたが下がってしまいます。

眼瞼下垂の重症度は、目の瞳孔にまぶたがかかりそうかどうかで決まってきます。まぶたの下がり度合いを自分でチェックする方法をご紹介しておきましょう。まず、まぶたの筋肉に力を入れて目を見開いてみてください。一生懸命まぶたを上げると、通常は黒目の全体が見えます。黒目の上に白目が見えていれば、正常です。

ところが軽い眼瞼下垂になってくると、一生懸命まぶたを上げても、黒目にまぶたがかかってきます。とはいえ瞳孔にまではかかっていません。中等度になると、上まぶたで瞳孔の一部が隠れる状態になります。そのため、中等度になってくると見にくさを感じる人もいます。重度になると、瞳孔がまぶたで半分以上隠れた状態となります。このチェックポイントに気を付けて、さらに「左右差はないか？」というのを確認してみてください。

くも膜下出血を起こした人の中には、少し前に警告頭痛がある、片方のまぶたが下がる、ものが二重に見えるといった症状がある人もいるのですが、その数はそれほど多くはありません。大多数は、ある日突然、バットで頭を殴られたような激しい痛みに襲われます。

それでは、くも膜下出血を予防するのは難しいのかというと、そうではありません。もし脳動脈瘤があれば、脳ドックでＭＲＩ（磁気共鳴画像装置）などの検査で見つけることができます。破裂する前に見つけることができれば、破裂を防ぐ治療があるのです。

脳動脈瘤がないかを調べておいたほうがいいのは、くも膜下出血の患者が身内にいる人です。もし自分の親やきょうだいにくも膜下出血を起こした人が複数いれば、脳の動脈瘤がないかを調べたほうがいいでしょう。くも膜下出血は遺伝が関係する病気なのです。

また、脳動脈瘤は40歳を過ぎると20人に１人が持つといわれています。珍しいものではなく、健康に過ごしている人でも、すでに脳動脈瘤を持っている可能性はあります。親だけでなく自分も、40歳を過ぎたら一度は脳ドックを受けることを検討してもいいかもしれません。

脳卒中が認知症の原因になることも

ここまで、脳卒中の背景に高血圧や糖尿病などの生活習慣病があること、また動脈硬化が進むと脳だけでなく目などの血管でも障害が起きることなどを解説してきました。

親が目の前で料理にしょうゆをドボドボかけていたら、「血圧が上がって脳卒中になっちゃうよ！」と言いたくなるものです。ただ、「脳卒中にならないよう塩分を控えて」とお願いするだけでは、なかなか聞いてくれないでしょう。「減塩食はまずい！」と反発するかもしれません。

親の行動をコントロールしようとして何かをお願いしても、たいていうまくいきません。特に食事をはじめとする生活習慣は、長い時間をかけて本人に染み付いてきたものなので、言われたほうも「自分が否定された」と思って意固地になってしまうこともあるでしょう。

ですから、「こうして！」とお願いするのではなく、脳卒中に関する情報を伝えつつ、「心配していいるんだ」という気持ちを伝えてあげることが大切です。

歳をとってくると、「知り合いが脳卒中になった」という話を聞くことも増えてきます。そういった話をしながら、「脳卒中の原因で大きいのは高血圧」とか「上の血圧が130〜140㎜Hgぐらいになったら要注意らしい」といった情報を伝えながら、親に「心配しているよ」という気持ちをぜひ伝えてください。

老いた親だって子どもの気持ちが分かれば、自分の生活を見直そうと思うようになるはずです。さりげなく、根気よく、伝えていくことが重要だといえるでしょう。

脳卒中を再発した3人に1人が認知症に

脳卒中に関する情報として、もう1つ押さえておいていただきたいのが、脳卒中がそのまま認知症につながるということです。これは「脳血管性認知症」といって、アルツハイマー型認知症の次に多い認知症です。

脳梗塞になると、血管が詰まって脳の一部に血液が流れなくなり、その部分の機能が消えてしまいます。また脳出血やくも膜下出血では、流れ出た血液がたまって脳細胞を圧迫し、

認知症の原因になる病気

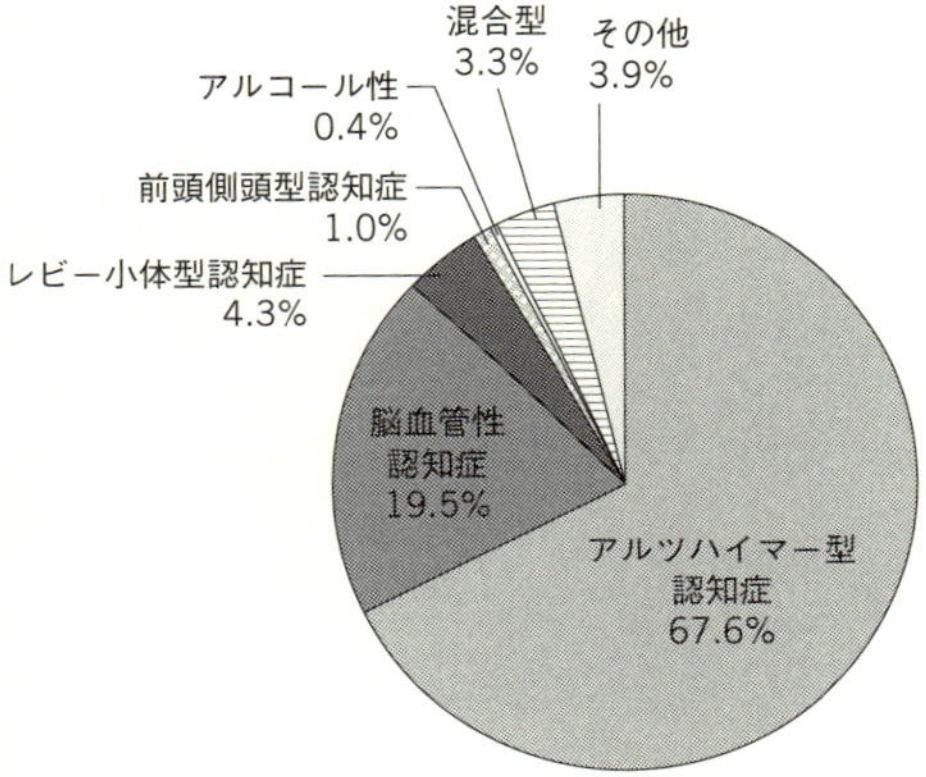

出所：厚生労働省「都市部における認知症有病率と認知症の生活機能への障害への対応」(2010年5月報告)

さまざまな症状が現れます。

認知症全体に占める割合としては、脳血管性認知症は2割弱。アルツハイマー型認知症は7割弱なので、それに比べれば少ないと感じるかもしれませんが、決してあなどれません。初めて脳卒中を発症した患者の5人に1人、脳卒中を再発した患者の3人に1人が、その後認知症と診断されるともいわれています。

認知症の予防のためにも、脳卒中の予防に取り組んだほうがいい。この情報はぜひ、高齢の親に伝えてあげていただきたいものです。

コラム

一晩待つと失明することもある怖い目の病気

目の病気というと、「命にはかかわらないし、緊急はない」と思われがちです。まして「夜間にやっている眼科なんてないし、救急外来に行っても眼科の先生はいないでしょう?」とよく言われます。

しかし、そんなことはありません。都市部であれば夜間も眼科医が病院にいて診察する体制があります。地方であっても、ある程度の人口がある都市であれば、365日24時間、どこかの眼科医が急患に対応できるようになっています。

目の異変のために救急に駆け込むケースには、病気もありますし、ケガもあります。こうした目の病気やケガの中でも、特に重要で緊急性があるものが3つあります。その3つとは、「網膜動脈閉塞症」、「緑内障発作」、「眼外傷《がんがいしょう》(眼球破裂)」です。

網膜動脈閉塞症というのは、目の網膜に血液を送る動脈が詰まる病気で、片目が突然見えなくなります（先ほど第3章で紹介したのは網膜の静脈が詰まる「網膜静脈閉塞症」）。例えば「夜の8時32分に右目が見えなくなった」などとはっきり記憶できるほど、突然見えなくなります。しかし、もう片方の目が見えるので、とりあえず生活には支障がありません。そして痛みもないのです。こうした血管の閉塞は夜に起きやすいという特徴があります。そのため「いますぐ病院に行くべきか、朝まで待つべきか」と迷う人が多くいらっしゃいます。

しかし、待っていてはいけません。緊急で血液の流れを良くする治療をすれば、回復する可能性があります。一方、治療が遅れれば失明して回復しないことがあるのです。痛みもなく、生活もできるので、いまひとつ悲壮感がなく、受診が後回しにされがちなのですが、「明日でいいや」ではなくて、緊急でかかるべき病気だと覚えておいてください。

緑内障発作は、緑内障によって、眼球の内側から外側にかかる圧力（眼圧）が急激に上昇した状態です。正常な眼圧は10～20㎜Hg程度ですが、これが40～50㎜Hgへと激しく上昇します。その上昇によって目の奥が痛くなり、片目も見えにくくなります。

しかし目の奥に痛みが生じるので、緑内障発作は、目の病気というよりは脳の病気や片頭痛と勘違いされることがあります。また痛みにより嘔吐《おうと》をすることもあり、腸の病気とも勘違いされがちです。この病気も夜に起こりやすいので、何とか我慢して朝まで様子を見る人がいます。また、夜間に救急受診はしたものの、痛みが強いために「片目が見にくくなっている」ということに気づかず、医師にそのことを告げなかったために眼科の病気という診断に至らないことがあります。

緑内障発作も、早急に治療をすれば元に戻りますが、眼圧が高い状態がしばらく続くと、それにより視神経がダメージを受けて失明します。また、「緑内障をもともと持っている人がなるもの」と思われがちですが、そうでもありません。何も指摘されたことがない人であっても、ある日突然なるものなのです。

3つ目の眼外傷（眼球破裂）はどうでしょう。眼球破裂というと大きな痛みが生じるようなイメージがありますが、実際は異なります。眼球が破裂していても、痛みはあまりありません。目が全く見えなくなるわけでもなく、普通に歩けます。眼球が裂けると、目の中の

「房水」という水分が徐々に外に出てきて、温かい涙が流れていきますが、ある程度は見えるので、そのまま様子を見てしまう方が結構いるのです。

私が外来で見た患者さんの多くは、眼球が破裂していても普通に歩いて眼科に来ていました。よくあるのは、芝刈りやのこぎりなどを使っていて、その破片が目に飛んで裂けてしまうケースです。早急に治療をすれば視力が回復することもあります。しかし、しばらく経過してしまうと、眼球の中が外と触れるために、菌が目に入って感染症を引き起こし、失明してしまうのです。

一方で、患者さんが「これは重症で、すぐに眼科にかからなければ」と思うのは、目の表面の角膜の傷です。コンタクトレンズで傷をつけた、スキーやスノーボードでゴーグルをせず目に傷がついた、夏に砂浜の照り返しや紫外線で目が傷ついた、というようなケースです。角膜は痛みを感じやすいという特徴があるのですが、夜中に緊急で治療しないと失明するということは極めてまれです。そして、治療してもすぐに痛みがなくなるわけではありません。

突然、白目が真っ赤になる「結膜出血」も、見た目に派手なので、受診を急ぐ患者さんがたくさんいます。出血しているのでなんだかゴロゴロはしますが、視力は問題なく、見え方には異常を感じません。痛みもそれほどでもない。けれども鏡を見ると真っ赤なので、驚いて緊急で受診します。救急車で来る人もたくさんいますが、結膜出血は様子を見ながら徐々に回復するのを待つのが基本です。失明したり、後遺症を残すことはまれなのです。

第4章

老いた親はなぜ家の中で転ぶのか

家の中で転んで骨折して寝たきりになる

高齢の親が事故にあうというと、真っ先に想像するのは交通事故です。外でよろよろと歩いていて車にひかれてしまう、自転車に乗っていて何かと衝突してしまう。そういうことを想像します。けれども実際は、高齢者の事故の77・1％、実に4分の3以上は家の中で起きていることが分かっています。[*1]

では、家庭内の事故とは具体的にどういうものが多いのでしょうか？　よくニュースになるのは、熱中症、ガスの消し忘れ、火の元の不注意などです。しかし、実際に家庭内で起きる事故として多いのは転落30・4％、転倒22・1％という状況です。つまり、ほとんどは報道されるような事故ではなく、「転ぶ」という一見地味なことが、家庭内の事故としては多いのです。

高齢者が転倒、転落を起こすと、痛いだけでは済まず、多くの場合、骨折となってしまいます。骨折ぐらい休んでいれば治る、というのは若いときの話です。高齢になると骨折はそのまま寝たきり、要介護の原因となります。介護が必要な状態になった原因のうち、男性で4位、女性で2位が骨折です。骨折というのは、寝たきりに直結しているのです。

なぜ骨折が寝たきりを招いてしまうのか。骨折をすると、体を動かすことができません。体を動かすことができない間に、筋肉はどんどん衰えてしまいます。若いときならば元々の筋肉量も多く、仮に減ったとしても、また体を動かせるようになればリハビリをして元の生活に戻れます。けれども高齢の人は、もともとの筋肉量が少ないために、しばらく体を動かさないことによる筋肉量減少が顕著となります。さらには、若い頃よりも筋肉がつきにくい体になっているため、動けるようになったからといって筋肉量を元に戻すことも難しい。結果として思うように体を動かせなくなり、寝たきりになってしまう可能性が高くなるのです。

階段が最も危険な場所

家庭内で最も骨折が起こりやすい場所はどこなのでしょうか。それは、階段です。家の中は段差であふれています。けれども玄関やお風呂場などの段差は、せいぜい1段です。一方、階段だと5段、10段とあるので、そこで転べば大きく下へ落ちてしまいます。結果として骨折をしやすくなるのです。家の中をバリアフリーに改修したとしても、さすがに階段をなくしてエレベーターにするのは難しいでしょう。したがって、階段が最も危険な場所だといえます。

では高齢になるとなぜ階段で転びやすくなるのでしょうか？　階段で転びやすいのは、足腰が弱いからだろうと思う人は多いと思います。もちろんその面もあります。足の筋力が十分でないと足を十分な高さに振り上げることができず、つまずいてしまいます。多少ふらついたときに、重心を元に戻す能力にも筋力が関係してきます。筋力があるときは、多少ふらついても元に戻すことができました。けれども筋力が落ちていると、ふらついたまま転んでしまいます。

しかしそれだけではありません。高齢になると、そもそも階段の段差が分かりにくくなるという問題が起きます。階段の上り下りをするときは目で見て段差を確認します。その段差に合わせて足を動かすのですが、段差の高低の見積もりが甘ければ、つまずいてしまいます。階段を上がるときはまだいいでしょう。転落事故が多いのは下りるときです。階段を下りるときに段差を見誤ると、滑って転んでしまいます。

ではなぜこのように見積もりを間違えてしまうのか。そこには目のコンディションが関係してきます。高齢になると白内障になります。白内障では、視力がかなり悪くなる前から色の差が分かりにくくなります。すると階段のような場所では、段差を陰影で判断するのが難しくなってしまうのです。ですから、階段だけでなく、若い人にとっては段差とも言えないような、わずかな高低差でつまずいてしまう場合もあります。

さらに、よくやってしまいがちなのが遠近両用眼鏡です。遠近両用眼鏡は、1つのレンズで遠くも近くも見えるので、とても便利な道具です。まっすぐ前を見ると遠く、下を見ると手元が見えるようにできています。通常の生活ではそれで問題ありません。しかし、階段を下りるときだけは別です。階段を下りるときは足元の段を見ることになります。足元は顔から1m以上離れています。しかし遠近両用眼鏡で下を見ると、30㎝の距離にピントが合ってしまいます。つまり、老眼鏡をかけたままテレビを見ているような状況になり、ぼやけてしまうのです。その結果、階段の位置を誤認して、転んでしまいます。

階段にテープを貼って見えやすく

　では、どうすればいいのでしょうか？　足腰に関しては、普段からよく歩くよう意識づけてください。また、軽いスクワットなどをして筋力を維持しましょう。

　そして、階段の段差が見にくい場合は、階段の縁に色の違うテープを貼るのが効果的です。例えば階段が白一色・茶色一色というように統一されていると、階段の段差の場所が分かりにくくなります。白の階段であれば黒、茶色や黒の階段であれば白のテープを縁に貼ることで、コントラストがはっきりします。

　夜、階段を下りることもありますので、階段部分の電球は明るめのものに変えましょう。リビングは普段使う場所なので電気を明るく設定しますが、階段はシックに暗めにしている家庭が多いですよね。けれども転倒を予防する上では階段でも明るくする必要があるのです。

　最後に、遠近両用眼鏡を使う場合は階段の下り方に工夫をしましょう。階段を下りるときは目線だけを下に向けるのではなく、顔ごとしっかり下に向けて、レンズの真ん中から足元を見て移動するように注意をしてください。そうした癖をつけることで、転びにくくなるはずです。

ぜひ、実家に帰ったときに、家の中の階段や段差の見えやすさを確認してみてください。照明を明るいものに替えたり、テープを貼ったりして見えやすくすると、転倒が防げるはずです。

また、足腰を鍛えるにはスクワットなどの筋トレが効果的ですが、いきなり親に筋トレを勧めても「やりたくない」と反発されるかもしれません。それより、用事を作って家の外へ連れ出してあげてください。外出すれば気分も変わり、自然と身体活動量も増えます。そうやって繰り返し外出すれば、「もっと体を動かそうかな」という気にもなるでしょう。足腰を鍛えるのは、それからでも遅くはありません。

高齢者は午後6時に交通事故にあいやすい

高齢の親が交通事故にあって骨折などの大けがをすれば、そのまま寝たきりになってしまう可能性も高くなります。交通事故のリスクについてもぜひ知っておきましょう。

高齢者が交通事故にあうのは夕方6時ごろが多いそうです。公益財団法人交通事故総合分析センターの研究発表によると、高齢者の歩行中の死亡事故は夕方の5時台から7時台にかけて集中して発生していて、全体の半数近くを占めています。[*2] これはなぜでしょうか？

1つに交通量の問題があります。当たり前ですが、通勤・通学があるために朝と夕方は交通量が多くなります。車の台数が多いため、それだけ事故にあう確率が高くなります。

でも、それだけではありません。高齢者自身の特性も関係しています。それは目です。私たちの目は、暗いところに行くと瞳（瞳孔）が開きます。そうすることで多くの光を取り入れることができます。反対に、明るいところでは瞳が閉じます。そうすることでまぶしさを軽減することができるのです。これは瞳孔反応と呼ばれています。

実際に、夕方や夜になると瞳孔は開き、周りが暗くても物が見えるようになっています。しかし、高齢になるとこの瞳孔反応が悪くなるのです。瞳孔の面積は、20代だと15・0㎟ですが、70代だと6・1㎟と、半分以下になります。[*3]

瞳孔反応が悪くなることにはメリットとデメリットがあります。メリットとしては「ピンホール効果」というものがあります。テレホンカードの穴（直径1㎜ほど）のように小さな穴から見ると、近視の人でも遠くまでよく見えることはご存じでしょうか。小さな穴から物を見ると、「焦点深度」といって、「完全にピントが合っている距離の前後の、ピントがそれなりに合う範囲」が広くなります。つまり、瞳孔があまり開かないときは、ピンホール効果が生まれるために、老眼の高齢者でもある程度近くを見ることができるのです。

しかし、デメリットもあります。それが、視界が暗く感じるということです。瞳孔が開かなければそれだけ光が入りません。いくらピントが合っても、明るくなければよく見えないのです。

さらに、高齢者に多い白内障の影響もあります。白内障は80代になれば99・9％が持っているといわれています。白内障とは目の玉の中にある水晶体というレンズが白く濁る病気です。視力が下がる、見にくくなる、まぶしくなるという症状がありますが、徐々に白くなっていくために視力が落ちていることに気づかないことも多いのが特徴です。

夜の8時、9時ともなれば、誰しも暗いと感じて自分の目が見にくいことを理解します。しかし日没前後の時間帯は、そこまで暗いとは感じず、見にくさを自覚しません。その上、すべての自動車がライトを点灯しているわけでもない。ちょうど危ない時間なのです。さらには高齢者自身も買い物に出掛けるタイミングです。見慣れた道の信号のない場所で、ふと道路を渡ろうとして事故にあいます。

自宅から半径500m以内の事故が多い

そして、高齢者の死亡事故は、自宅から「半径500m以内」の「横断歩道がない」、「直線道路」で事故が起こりやすいことが分かっています。事故が起こるのはカーブのある場所だろうと思われがちですが、実は直線道路のほうが多いのです。この背景には、直線だからこそ「大丈夫だろう」と考えて渡ってしまう人がいるということ、そして直線だから車もスピードを出しやすいということがあります。

自宅から半径５００ｍ以内での事故が多い理由には、高齢者になると行動範囲が狭くなり、自宅から半径５００ｍをよく動くということがあります。高齢者の場合は歩行速度も遅くなります。となると道路上にいる時間が長くなり、ひかれてしまう可能性が高まるのです。自宅から離れた場所であれば慎重になり、横断歩道がないところを渡ることは少ないのですが、自宅近くであれば普段慣れているために、「ここなら大丈夫だろう」と思って、つい渡ってしまいます。

人間は遠くの自動車を見たとき、「このぐらいの時間で自分のいる場所まで到達しそうだ」という予想を目測で行っています。自動車と自分との距離、自動車のスピードから無意識のうちに所要時間を概算して、「大丈夫」もしくは「危ない」ということを判断しているわけです。この判断のためには、物を立体的に把握する機能が必要です。両目でバランスよく物を見ることができなければならず、単に遠くの物を見るよりも高度な機能になります。高齢になればこれも衰えます。

親が事故にあわないように気を付ける方法

ドライバー側で注意できる点も考えてみましょう。横断歩道のない直線道路で突然高齢者が目の前に現れたら、運転者としては「避けようがない」ように感じます。自分が悪いわけではないのに……と思うでしょう。とはいえ、自分が悪くないから事故を起こしていいというわけでもありません。

法定速度を守ることはもちろんですが、「見通しの良い直線道路で車が見えていても、高齢者は突然渡ろうとする」ということを知っていただければと思います。また高齢者の場合は、音での判断が難しいという側面もあります。特に、電気自動車やハイブリッド車は音がやや静かなので、高齢者が気づきにくいということがあります。そもそも高齢者は聴力が衰えていて、特に高い音が苦手です。電気自動車などの走行音はやや高い音なので聞き逃しやすく、車が来ていることに気づかないことがあります。

もちろん夕暮れになったときはライトを早めに点灯する、ということも基本です。高齢社会では事故を防ぐためにこうした高齢者の事情を知っておくことが大切です。

では、自分の親が事故にあわないためにはどうすればいいでしょうか?

まず、白内障がないかを眼科でチェックしましょう。加齢性難聴がないかも耳鼻科でチェックできます。医療機関に行くことをおっくうがる親であれば、せめて視力の簡易的なチェックなどをしていただければと思います。例えばお札の表側の下にある「国立印刷局製造」という文字が見えるかどうかが1つの指標になります。また、夕暮れどきの外出を避け、日中の早めの時間帯に買い物や散歩を済ませるように勧めてみるのも1つです。

さらには、近所を歩く際に、ついつい信号がないところで道路を渡っていないかということを確認しておいたほうがいいでしょう。地元には「けっこうみんなが渡っている、横断歩道がない場所」というのが存在します。横断歩道がちょっと遠くて、そこまで行くのが面倒で、ここなら直線だし渡っても大丈夫そう、と誰もが思うところです。そういう場所も、高齢になったら危ないということは伝えておいたほうが安心です。

親はいつまでも自分は若いと思っているものですが、白内障があるのだから、視力が悪いから……など、本人が納得できる理由を伝えて、安全な場所で渡ってもらう習慣を早めに作れるといいですよね。

一度、親の歩行スピードも見てみてください。親と会うのは実家に帰ったときだけという場合、意外と親が歩くシーンをまじまじと見るチャンスはないものです。ちょっと散歩に付き合う、買い物に付き合うということをしてみると、「ずいぶん歩くのが遅くなったな」と感じることがあるかもしれません。親の歩行スピードをチェックしてあげることが、親の安全を守ることにつながります。

歳をとるとなぜ視野が狭くなるのか

老いた親が交通事故にあったり家の中で転倒したりすることに関係してくるのが、「視野の変化」です。この「視野」というものについて少し考えてみましょう。

よく「あの人は視野が広い」、「あの人は視野が狭い」と言います。一般に「視野が広い」と言うときの意味は2つあります。1つは、「大きな枠組みから物事を見ることができる」ということを比喩的に表現したもので、実際に人間が見える視野の広さを指しているわけではありません。

2つ目は、スポーツなどで「あのサッカー選手は視野が広い」などと言われるように、実際に周りが広く見えていることを意味します。この場合は物理的に広く見えていて、他の選手が気づかないような味方や敵の動きを察知して、パスを出すことができます。1つ目は比喩表現だからよいとして、2つ目の、実際に視野が広い人は本当にいるのでしょうか？

医学的な視野の広さは、「片目で視線を動かさずにまっすぐ前を見たまま、どこまで端が見えるか」を測定します。この視野は固定されていて、それほど個人差はありません。加齢によって多少は狭くなるものの、大きくは変わらずに、上側が60度、下側が70度、鼻側が60度、耳側が100度程度までが見えています。医学的な視野とは「光が光っているかどうかが分かる」範囲を示します。そこに何があるのか、例えば動物なのか、ビニール袋なのかを判別するほどの能力はなくてもいいのです。

一方、一般的な視野というのは、例えば「運転していたら端から何かが飛び出してきたことに気づき、それが動物なのか、ビニール袋なのかを瞬時に判別して回避するか否かを判断する」ために使うものです。危険回避のためには、ただ光っているかどうかが分かっても意味がありません。さらには医学的な検査のときのように片目ずつ見るのではなく、両目を開けた状態でどのぐらい見えているかが重要になります。

医学的な視野は、病気を診断する、治療するという面では非常に重要です。しかし、現実に使えるのは一般に言う視野のほうです。この一般に言う視野は、「有効に使える視野」であることから「有効視野」と呼ばれます。有効視野は、両目でまっすぐ前を見ていて物の判別ができる範囲のことで、多くの人は、上下左右に30度程度です。医学的な視野は片目で上下左右に60度以上あるのに、有効視野はその半分以下となるわけです。そして、有効視野は個人個人で範囲が違うことが分かっています。

有効視野が狭いとどういう問題があるのか

有効視野が狭いということは、周りのものを見逃しやすいということを意味します。そのため、足元の段差につまずいたり、人とぶつかったりしやすくなります。視野が狭いために文字を認識しにくくなり、文字を読んでいて次の行に移るときに違う行を見てしまうという方もいます。有効視野が狭いことで、ちょっとした不自由も感じやすいのです。

有効視野は加齢に伴い狭くなりますが、認知機能が衰えると狭くなることも分かっています。最近では高齢者の運転免許の更新の際に認知機能の検査が行われます。それは、認知機能が衰えると事故を起こしやすいからです。しかしそれ以上に、有効視野の狭さは事故と関連することが分かっています。認知機能の衰えよりも、周辺から出てくる人を見逃すことのほうが事故につながってしまうのです。

さらには、有効視野を保つことで認知機能の低下を29％も防げることが分かっています。[*4]なぜなら有効視野が広いと、周辺から入ってくる情報も多くなり、それによって脳が刺激されるからです。

有効視野が保たれている人は、中心を見ながら周辺を見て危険を察知することができます。これはデュアルタスクといって、2つ以上の作業を同時にしていることになります。鍋を火にかけているときに宅配便に応答することがありますが、デュアルタスクができないと、宅配便を受け取った後に火をつけているのを忘れて火事になります。しかし2つの作業がきちんとできていれば、忘れずに火を消すことができます。有効視野を保つことで、脳がデュアルタスクをこなせる状態を維持することができるのです。

視野を広く保つためにできること

では有効視野をしっかりと保つにはどうすればいいのでしょうか。加齢により狭くなるのを防ぐことは可能でしょうか。そのためにまず、眼科的な病気の治療を行ってください。緑内障やさまざまな病気で医学的な視野が狭くなれば、おのずと有効視野も狭くなってしまいます。定期的な検診を受けて早期発見・早期治療に努めることが大切です。

目の玉（眼球）の病気だけではなく、まぶたが下がってくる眼瞼下垂も視野を狭めてしまうので、医学的な治療が必要となる場合があります。まぶたが下がってくると、横断歩道を渡るときに信号がよく見えなくなってしまいます。高齢者が赤信号でも平気で渡ろうとしているのを見て驚いたことがあるかもしれませんが、それは眼瞼下垂によって信号がよく見えていない可能性があります。

そして「心を平安に保つ」ということも大切です。「心が落ち着いていると視野が広くなる」とよく言われます。実際に、ストレスの度合いは、有効視野に影響します。例えば「これは失敗してはいけない」と緊張すると、周りが見えなくなってしまう。込み入った交差点でさまざまな状況に注意しながら運転していると、ふいに飛び出してきた人を見逃しやすくなってしまう、ということがあります。「緊張している場面」「込み入った場面」だと有効視野が狭くなってしまうのです。

逆に「リラックスしている場面」「まっすぐな道」などであれば、有効視野は広くなります。だからこそ、できるだけストレスをかけないこと、目や耳に入ってくる情報が過多にならないようにすることも必要です。

運転中に周りの人が執拗に話しかけたりすると、そこに意識がとられてしまい、有効視野も狭くなってしまいます。特に運転中の会話で気を付けたいのは、運転者に画像を想起させる、深く考えさせるような会話を促すことです。画像を頭で思い浮かべようとすると、それだけ脳に負荷を与えてしまうので避けるようにしましょう。

視野を広げるトレーニングの方法

有効視野は、トレーニングである程度広げることができるとも言われています。脳知覚トレーニングなどとも呼ばれ、目と脳の関連を良くする方法です。こうしたトレーニングで、加齢に伴う認知機能の低下が3~4年分改善し[*5]、交通事故の確率も50%程度減少することが分かっています[*6]。また、トレーニングの効果は10年程度持続するという研究もあります[*7]。

脳知覚トレーニングは、まっすぐ真ん中を見たまま、周辺にあるものを判別するというトレーニングです。パソコンを使ったトレーニングや、書籍によるトレーニングなどがあります。トレーニングの書籍などが手元にない場合でも、自分で普段からまっすぐ物を見ながら周辺の物に意識を向けるということをするだけでも、有効視野をうまく使うことができます。いわば分散的に脳を使うということです。

私たちは普段、意識を一点に集中して使うことが多いものです。一方で、分散的に意識を向けなければいけない場面があります。分かりやすいのが、運転していてまっすぐ前を見ながら、横から何かが飛び出してこないかを意識する、という場面です。中央の意識を少なくしてしまうと、前の車に衝突します。周辺の意識を途切れさせてしまうと、横から飛び出してきた人をひいてしまうかもしれません。だからこそ、中央と周辺に意識をほどよく配置する必要があるのです。この分散的に意識を配置するという訓練が有効視野を保つ上で効果的なのです。

高齢者256人を対象とした米国の研究では、有効視野を広げる訓練をした人は、そうでない人に比べて、前頭葉、側頭葉、頭頂葉、後頭葉など、脳の広い範囲で活性化していることが示されました。[*8] 有効視野を広げるトレーニングは、全般的に脳の機能を上げることができるのです。

運転などさまざまな場面で必要とされる、有効視野の広さ。ケガや事故を回避し、脳の若さを保つためにも、「中央と周辺の両方に、分散的に意識を配置する」ということを、生活の中で心がけてみてください。

まぶたが下がる眼瞼下垂への対処法

眼瞼下垂は加齢により誰でも起こり得るものですが、避けられないものなのでしょうか。眼瞼下垂になりやすい人、なりにくい人はいるのでしょうか。

眼瞼下垂を誘発しやすいものとして、コンタクトレンズがあります。特に、ソフトコンタクトレンズよりハードコンタクトレンズのほうがまぶたが下がりやすいことが、さまざまな研究で分かっています。ハードコンタクトレンズを使用すると、使わない人に比べて眼瞼下垂に20倍なりやすいという報告もあります。[*9] その原因として、「まぶたの内側とコンタクトレンズが絶えず接しているため、ハードレンズによってまぶたを上げる筋肉などがこすれてダメージを与えてしまうのではないか」「レンズを外すときにまぶたを引っ張ると、まぶたの構造が徐々に伸びてしまうのではないか」ということが言われています。

眼瞼下垂の予防としては、まずはハードコンタクトレンズよりソフトコンタクトレンズにする、ソフトコンタクトレンズより眼鏡にする、コンタクトレンズを外す際にできるだけまぶたを引っ張らない、といった配慮が必要です。それだけでなく、目の表面を潤して、まぶたとコンタクトレンズの摩擦をなるべく減らすというのも1つのケアになります。こまめな目薬や、ドライアイの治療も大切と考えられます。

また、まぶたをこするという行為もまぶたの筋肉にダメージを与えます。そのため、花粉症やアトピー性皮膚炎があって、ついつい目や目の周辺をかく癖がある人は注意が必要です。

糖尿病や高血圧といった全身的な病気も、実は眼瞼下垂のリスクになります。糖尿病があると1・45倍、眼瞼下垂になりやすいという報告もあり、[*10] 血糖値のコントロールなど、生活習慣病への適切な対処は、眼瞼下垂の予防にもつながります。また、目の手術後も眼瞼下垂が起こりやすいと言われています。

眼瞼下垂の治療にはどういうものがあるのでしょうか？ 残念ながら、飲み薬や軟膏で治るということはありません。手術による治療が基本となります。そこで起こる疑問として、「眼瞼下垂は、眼科・形成外科・美容外科どこに相談すればいいのだろうか」というものがあります。

眼瞼下垂によってものが見にくいという場合は、眼科に相談してください。なぜなら、見える機能の検査、つまり視力や視野などの検査は眼科でしか正確に行うことができないからです。眼瞼下垂によって見にくいと思っていたら、実は違う病気であったということもあり得ます。そのため、見えない、見えにくい、という場合は眼科で相談してください。

「では、手術を受ける場合は美容外科・形成外科に行かなければいけないの？」と思うかもしれませんが、眼科で眼瞼下垂の治療をしているところもたくさんあります。眼瞼下垂によって見える機能に問題が出ている場合は、もちろん保険診療での治療となります。

一方、まぶたを扱う形成外科・美容外科はどうでしょうか。

形成外科の場合は、まぶたが下がることで日常生活に影響が出ている（疲労・肩こり・見えにくいなども含め）場合に治療を行います。そのため、眼科で診療を受けた上で、視機能の問題での治療だとしても形成外科に手術をお願いすることもあります。これらも保険診療での治療となります。

美容外科の場合は、主に正常な人に対しての治療を行います。つまり、「まぶたが下がっていることで日常に特に影響はないけれど、よりきれいに見せたい、かっこよく見せたい」という美容目的の場合は、美容外科になります。これは自費（全額自己負担）の自由診療となります。

筋力・骨密度の低下に要注意

年齢を重ねると、若い頃に比べて1〜2時間早く起きてしまうことが知られています。*11 早朝に外に出てみると、高齢者が散歩をしていたり、畑仕事をしていたり、グラウンドゴルフをしている姿を見たことがあるかもしれません。

なぜ高齢者は早く起きてしまうのでしょうか。歳をとると、眠りが浅くなったり、必要な睡眠時間が短くなってきます。それにはいくつか理由が考えられますが、食が細くなることと筋力低下も背景にあります。

若い頃と比べて食事の量が少なくなり、結果として筋肉量が落ちてくる。そうなると活動量が減って、さらに食が細くなります。それによって筋力が落ちて体を動かすのがおっくうになり、活動量が減る……という負のスパイラルに陥りがちです。そうなると、適度な疲労感が得られなくなり、眠りの必要性が下がってしまいます。

こうなると、「高齢者は早起き」というだけの問題ではなくなります。筋肉量が落ちてくると、「高齢による衰弱」つまり「フレイル」のリスクが高まってくるからです。これは、介護になった原因のうち、男女ともに3位にランクインしているものです。フレイルには、筋力が低下して身体能力が衰えた「身体的フレイル」、認知機能が低下したりうつ病になる「精神的フレイル」、外出して人と会うのがおっくうになって孤立する「社会的フレイル」の3つがありますが、身体的フレイルは骨折や転倒のリスクが高くなった状態だと言えます。

上半身の運動でもやらないよりは良い

筋力を維持するためには、たんぱく質を中心に、高齢になってもしっかりと食べられるということが重要です。そして散歩などをして体を動かす。なかなか外出ができない場合でも、室内で体操などの簡単な運動をすることは効果的です。

よく「足が悪いから運動ができない」と言う方がいます。運動というと、散歩や自転車など、足を使ったものばかりが注目されます。確かに足は腕より筋肉量が多く、消費するカロリーも多いので、足の運動のほうがよく推奨されます。しかし、上半身だけの運動でも、やらないよりは良いのは言うまでもありません。ダンベルやペットボトルなど、適度な重みのある物を持ち上げる運動などをすると効果的です。

十分な食事をとるためには、歯の健康も不可欠です。若い頃は虫歯予防が大切ですが、高齢になればなるほど歯肉炎・歯周病の予防の重要性が増します。定期的に歯科を受診して歯のチェックを受けることが毎日の食生活を守る上で効果的です。歯磨きも、歯ブラシだけではなくデンタルフロスを用いてしっかりケアをしてください。

背骨の「いつの間にか骨折」を防ぐ

フレイルのリスクを上げてしまうのは、筋力低下だけではありません。「骨密度の低下」も重要です。歳をとると次第に骨密度が低下してきて、骨がスカスカになってきます。すると、ちょっとつまずいて手をついただけでも、腕が骨折してしまったりします。特に女性は、閉経によって女性ホルモンが減少することでも、骨がもろくなることが分かっています。ですから、女性ほど、骨密度に気を付けなければならないわけです。

もし、老いた親が「背中が痛い」と言い出したら要注意です。そのままにしておくと、寝たきりになる危険性が高くなってしまいます。数日たっても痛みが治まらない場合は、必ず整形外科を受診してください。背中の痛み以外にも、「背骨が曲がってきた」「腰が曲がってきた」「背が縮んできた」「しびれがある」という症状があればさらに注意が必要です。

これは、骨密度が低下したことにより、「椎体骨折《ついたい》」つまり、背骨が折れている可能性があります。ぶつけてもいないのに骨折をするのかと思うかもしれませんが、70代以上で約3割の高齢者が椎体骨折を経験しているともいわれています。[*12]

椎体骨折は、何かにぶつけた衝撃でポッキリと骨が折れるのではなく、骨がもろくなっているせいで、自分の体重や体を動かしたときにかかる負荷によってぐしゃりと「圧迫骨折」してしまうのです。「いつの間にか骨折」などと言われることもあります。

椎体骨折をした直後は、痛みのため動けなくなりますが、数カ月もすると骨がくっついて痛みが取れ、動けるようになります。問題なのは、骨が曲がったままくっついてしまうことです。

背骨が曲がった状態になると、さらに不自然な力がかかるようになり、しばらくすると背骨の別の場所がまた折れてしまいます。こうして骨折を繰り返すと、やがて歩くのが難しくなり、寝たきりになってしまうのです。

なるべく早く病院に行って治療を開始すれば、曲がったまま固定されないよう矯正してくれます。多少曲がってしまっても、治療すればその時点で進行を食い止めることができます。

背骨のいつの間にか骨折を予防するには、骨密度が低下しないよう、骨を強くすることが大切です。そのために一番大切なのは、食事でしっかりカルシウムをとること、そして体を動かして骨に刺激を与えることです。

カルシウムは、よく知られているように、魚や乳製品に豊富に含まれています。また、骨を作るには、カルシウムだけでなくビタミンDやビタミンKも必要になります。ビタミンDは鮭や鯖などの青魚、卵、きのこ類に多く含まれ、ビタミンKはホウレンソウなどの緑黄色野菜や納豆などに豊富です。

運転免許の返納を考えるべきタイミングは？

ここまで、高齢の親が家の中で転倒したり、交通事故にあったり、筋力や骨密度が低下して骨折したりする問題についてお話ししてきました。高齢者にとって骨折などのケガは寝たきりや要介護に直結するので注意しなければなりません。そして、これらに関連する話題として、「運転免許の返納」があります。

転倒や骨折のリスクが高い高齢の親は、身体機能が低下し、視野が狭くなり、自動車の運転が危うくなっている可能性があります。高齢ドライバーによる交通事故として多いのが「信号無視」です。まぶたが下がる眼瞼下垂になると、視界の上のほうがふさがれ、高い位置にある信号や道路標識を見落としてしまいがちです。中でも大事故につながりやすいのが、一時停止の見落としです。警察庁交通局の発表によると、高齢者が一時停止をしなかったことによる死亡事故は、若い人の2倍に上るそうです。

一方、スピード違反やわき見運転などの違反は、高齢者も若い人もそれほど変わらないそうです。つまり、高齢ドライバーの多くは、それなりの運転技術を保っているわけです。しかし、加齢による視界の問題は、技術では補えないのです。

「自分はまだまだ大丈夫」と思い込む

高齢の親がいつまでも自動車を運転していると、「いつか事故を起こすんじゃないか」とハラハラしてしまうでしょう。「もう免許を返納したら」と言いたくなる気持ちもよく分かります。

高齢者が運転免許を返納しない理由は何でしょうか。2005年の警察白書によると、免許返納を考えたことがあるものの実際には返納していない理由として、「代わりの交通機関がない、不便だから」と答えた高齢者が46・3％に上ります。この理由は納得できます。代わりの交通機関がない以上、「免許を返納したら生活が成り立たない」と思っているので、いくら言っても聞く耳を持ってくれないわけです。でもそれより多いのは、57・4％の高齢者（複数回答可のアンケート）が選んだ「運動能力の低下は感じているが免許を返納するほどではない」です。つまり、やむにやまれぬ事情よりも、自分はまだまだ運転する能力があると思っているために免許を返納しないという理由のほうが多いのです。

しかし、加齢によって、体が運転には適さない状態になっている可能性はあります。まずは視野がどの程度確保できているのか、運転にどれくらい影響があるのかを確認していただきたいものです。

白内障や緑内障などの目の病気について眼科で診てもらうことも大切です。白内障になると色の差が分かりにくくなりますし、緑内障は視野そのものが欠けてしまう病気です。これらがどのくらい進んでいるのかによって、免許返納の切迫度が変わってくるでしょう。

そして、いよいよ「返納したほうがいい」と分かったときは、どうやって親を説得すればいいでしょうか。頭ごなしに「返納しろ」と言うのではなく、親の立場になって考えてあげてください。

もし、自動車を運転できなければ買い物ができなくて困るという場合は、ほかの手段を提案してあげなければなりません。例えば、自宅まで配送できるネットショッピングを活用するのはどうでしょう。タブレット端末を用意し、クレジットカードを登録して、使い方を教えてあげてください。それでもうまく使いこなせないようであれば、あなたが代わりに注文してもいいでしょう。

また、自動車がないと友人に会いにいくことができず、交友関係が狭くなるという問題があるかもしれません。その場合も、タブレットで連絡が取れるよう設定してあげて、たまには友人に会うためにあなたが自動車を運転してあげるのもいいですよね。

免許を返納することで活動範囲が狭まり、家に閉じこもりがちになるのはよくありません。人によって何を楽しみに過ごすのかは違います。免許を返納しても楽しく過ごしてもらえるよう工夫したいところです。

コラム

健康診断で視力を最大限に良くする方法

視力というと、一般的には眼鏡をかけない状態での視力、つまり裸眼視力のことを指します。「視力が悪くなった」というのは裸眼視力が落ちたということです。しかし実は、裸眼視力にはムラがあります。今日は0・7で明日は0・8ということは珍しくありません。もっと言うと、朝と夜でも視力が変わることがあります。

裸眼視力が変動するので、眼鏡やコンタクトレンズで視力を矯正する際に、どのくらいの強さのレンズが必要かを表す「度数」も、割とよく変動します。度数は、近視では−1、−2というように表記し、遠視の場合は+1、+2というように表記します。いずれも0から離れるほど「度数が強い」ことを表します。では、−3の近視の人はずっと−3なのかというと、そうでもありません。今日は−3で明日は−4の近視、ということがあるのです。これはなぜなのでしょうか？

人間が遠くを見たり近くを見たりするとき、目の中の水晶体というレンズがピントを合わせる役割を担っています。近くのものを見るときは、力を入れて目の毛様体筋という筋肉が働いて水晶体の厚みを増し、手元を見ることができます。一方で、力を抜くと水晶体が薄くなり、遠くが見えるようになります。

現代社会では手元を見る作業が多くなります。本来はピントを調節する能力が偏ることはないのですが、常時手元を見ている状況を繰り返すと、それにより毛様体筋の働きに異常が出ます。目を酷使することによって、－3の近視の人が－4という、より強い近視のような状態になってしまうのです。

健康診断などで自分の持っている視力をきちんと発揮できないと、もともと視力1・0で正常であっても、例えば0・7となり、病院への受診を促されてしまいます。また普段の生活でも、本来の視力を発揮できなければ、テレビも本も見えづらくなってしまします。

ではどのようにすれば、あなたの視力を最大限引き出せるのでしょうか？　検査の直前に行うことができる医学的な方法としては、調節麻痺薬があります。目薬を使って、目のピントを合わせる毛様体筋の力を緩めて、使いにくくするのです。そうすることで、目の筋肉の緊張によって近視寄りになってしまうのを抑えられます。大人がこの方法を受けることはあまりないと思いますが、子どもに対してはよく行われる方法です。なぜならば子どもは目のピントを合わせる力が強すぎて、遠視なのに近視のような状態になってしまっている人もいるからです。

ただし、これは医師の診断によって行われるものなので、自分で行うことはできません。自分でできる方法としては「雲霧法《うんむほう》」というものがあります。雲霧法とは、一度ボヤッとした状態で見ることで、目のピントを合わせる能力をリセットしようというものです。眼科や眼鏡店でも、眼鏡の度数調整としてこの方法を使うことがあります。よく、眼科の検査で家や気球の画像を見る検査を受けたことがあるかと思います。あのとき、1回画像がボヤッと見えるのがこの雲霧法です。

雲霧法は、自分である程度行うこともできます。それは、「+2度の中等度老眼鏡をかけて遠くを見る」という方法です。眼鏡やコンタクトレンズを普段している人は、その上から+2の老眼鏡をかけて遠くを見ます。すると、ピントを合わせる力がリセットされて見やすくなるのです。だいたい5分程度が目安となります。老眼鏡は、いまでは100円均一ショップでも売っています。ただ、老眼鏡でまれに頭が痛くなったりくらくらする人がいるので、その場合は使用を控えてください。

雲霧法ほどの効果はないですが、道具なしでできるのが遠近法です。具体的には「2m以上先を見てピントを合わせようとする。次に30㎝程度の近さの物を見てピントを合わせようとする」というように、距離を変えて交互にピントを合わせる方法です。手元の1点だけを見ていた毛様体筋が、遠方と近方にピントを合わせるように働くことで、緊張が解除されます。

雲霧法や遠近法で得られる効果の持続期間は非常に短いので、その点を理解して、検査の少し前からやるのがお勧めです。可能であれば数日前から1日1回行って、検査の前にさらに1回やると、より効果が出やすいかと思います。

第5章

老いた親の姿は「将来の自分」

40歳を超えると自分の年齢を2割引きで考える

老いた親が部屋を片付けなくなったり、暑いのにエアコンを付けなかったり、料理にドボドボとしょうゆをかけてしまったり、家の中で転びやすくなったりする問題について、真の理由がどこにあるのかを本書では考えてきました。

こうした問題行動が見られるようになると、子どもとしては驚くとともに、「やれやれ、親も歳をとったのだな」と感慨深くなります。

これからは自分が親を守らなくては。穏やかな老後を送ってほしい――そんな気持ちで本書を読み進めてくださったのかもしれません。

ですが、そんな読者の皆さんに私からもう1つ伝えたいことがあります。

それは、老いた親の姿は「将来の自分」だということです。

いやいや、自分はまだまだ若い。確かに少し老けてきたけれども、老後なんて先の話。会社でもバリバリ働いていて、何なら同世代の人たちより若いくらいだ――。

話の対象が自分になったとたん、そんな反応を示す人は多そうです。でも、本当にそうでしょうか。実は、ある研究では、人は40歳を超えると自分の年齢を2割引きで考える傾向があることが分かっています。*1

実年齢よりも若いと思う人が多い

読者の皆さんは、いま何歳でしょうか？　自分の年齢を考えると「だいぶ体にガタがきたな」「歳をとったな」と思うことがあるものの、実際のところ「それでも、まだまだ若い」と感じていませんか？

それもそのはず、多くの人が自分の年齢を2割引きで考えています。つまり、40歳だと32歳、50歳だと40歳、60歳だと48歳という具合です。自分にも当てはまるような気がする、という読者の方も多いかもしれません。

私自身も、なんとなく実年齢より若い気持ちで過ごしています。まだまだネットやSNSにもついていけているし……と思ってしまうのです。けれども実際にショート動画サービスのTikTok（ティックトック）についていけているか、新しい流行を追えているかというと、実はそうでもありません。

実年齢の2割引きということは、高齢になるほどその差が大きくなります。70歳だと14歳若い感覚、80歳だと16歳若い感覚です。

平均寿命が延び、さらに健康寿命も延びた現代は、年齢に対する意識もだいぶ変化してきています。例えば厚生労働省の２０２０年の簡易生命表によると、現在65歳の人が幼少のころ、つまり約60年前（１９６０年）の平均寿命は、男性が65・３歳、女性が70・２歳でした。その時代に65歳の祖父母を見たら、かなりお年寄りに感じたことでしょう。しかし、現在の平均寿命は男性81・６歳、女性87・７歳です。実に15歳以上も長生きするようになりました。

この平均寿命の延びは、医療が発達して子どもが感染症などで命を落とすことが少なくなったから、統計上そのような結果になったのではないかと思うかもしれません。確かに、その側面もあります。しかし、「65歳時点での平均余命」を見てみると、それだけとは言い切れないことが分かります。約60年前の65歳時の平均余命は男性11・６年、女性14・１年でした。一方、現在65歳の人の平均余命は男性20・1年、女性24・9年です。65歳に達した人に限っても、かつてより10年は長生きするわけです。実感として自分が10歳ぐらい実年齢より若く思うのは、あながち間違いではないかもしれません。

「自分は優れている」と思うほうが長生き

単に自分は若いと感じるだけではなく、「自分だけは大丈夫」と高齢者は思いがちです。免許をなかなか返納しようとしない高齢者も、「自分だけは事故を起こさない。事故を起こす高齢者は気を付けていないから、能力がないからだ」と思い込んでいます。

ただ、興味深いことに、「自分は他人より優れている」と思っている人のほうが長生きするという研究があります。[*2] この場合、優れていると「思っている」ことが重要で、実際に優れているかどうかはあまり重要ではありません。運転技能や仕事の手腕が必ずしも優秀・有能ではなくても、自分でそう思っているだけで長生きしやすいのです。

なぜかというと、まず有能である（と考える）ことで、社会性が保たれます。社会から孤立せず積極的に外に出ていけます。行動力にあふれ、そして自分自身の能力をポジティブにとらえ、ネガティブにふさぎ込むことが少ないので、心理的にも肉体的にも良い影響を受けて長生きします。

それ自体は良いことなのですが、自信があるからこそ、「高齢ドライバーの事故が増えている」というニュースを見てもひとごととしてとらえてしまいます。「自分には関係ない」と思うわけです。

親に長生きしてもらうという意味では、確かに有能感を持って過ごしてもらうことは大切です。けれども、過度な有能感を持って運転を続け、事故を起こしてしまっては取り返しのつかないことになります。はっきりと自分の実際の年齢を認識し、それに向き合ってもらわなければなりません。

それと同時に、子どもであるあなた自身も、老いた親の姿はこれから自分がたどる道だと認識し、自分が高齢者になるときに向けて備えなければなりません。

当たり前ですが、親と子は似ています。いくつかの病気は、遺伝による影響が強いことも分かっています。親がもし要介護になったとき、その原因が「認知症」「脳卒中」「骨折」などであったとき、それはあなた自身もよく気を付けなければならないものなのかもしれません。

ですから、老いてきた親のことをよく観察すれば、自分が将来のためにどんなポイントについて備えればいいのかが見えてくるかもしれないのです。

50代でも半分の人が白内障になる

高齢の親が部屋をあまり片付けなくなった理由が、白内障で目が悪くなってしまったからだ、という話をしました。また、高齢ドライバーが白内障のせいで信号を見落としてしまう、ということもよくあります。

このように、高齢者にとって白内障は切っても切り離せません。歳をとれば誰でも白内障になります。「そうか、老後のことを考えて白内障について知っておいたほうがいいな」と考える人にまずお教えしたいのは、あなたもすでに白内障になっているかもしれないということです。

白内障というと、高齢者がなる病気というイメージがあるかもしれません。しかし白内障は50代でも半分（37〜54％）の人がなっています。[*3] こうお話しすると「それは大げさでしょう」と言われます。確かに、白内障の手術をする50代がたくさんいるという実感はないかも

白内障のしくみ

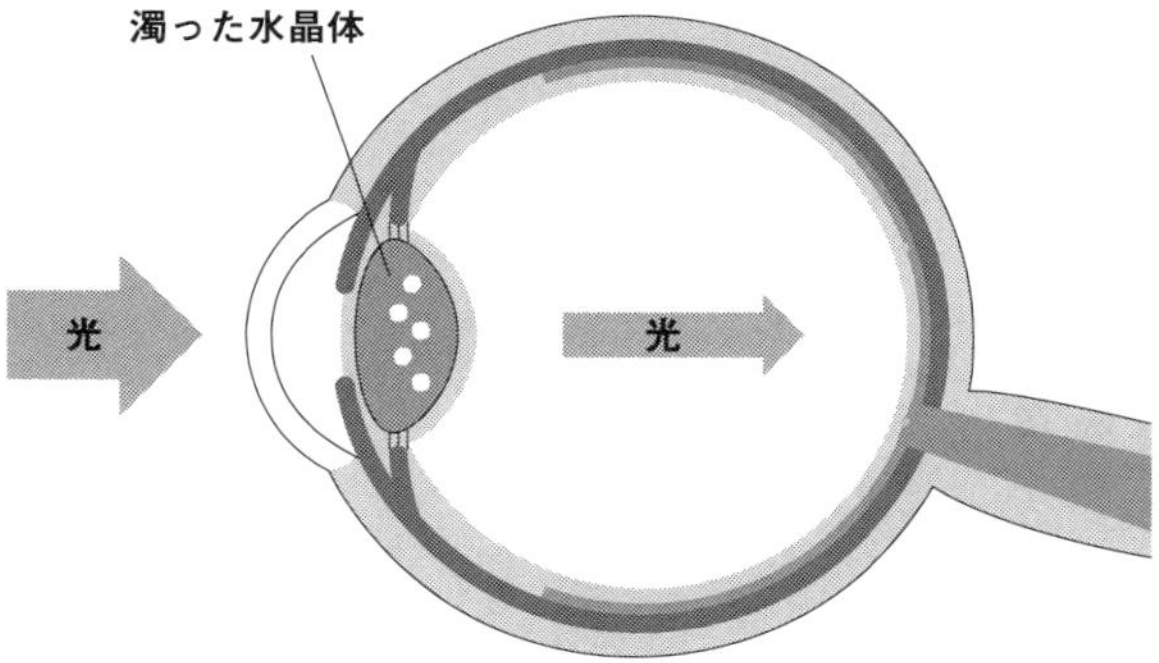

白内障は水晶体が白く濁っていく病気。濁りがあると光が入りにくくなるが、発症初期は全体が濁るわけではないので、視力が保たれていることが多い

しれません。ただ、手術まではいかないものの、軽い白内障というのは50代でも実際にあるのです。

では軽い白内障だとどういう症状が出るのでしょうか。白内障というのは、目の中でレンズの役割を果たす水晶体という部分が、白く濁る病気です。白内障の症状といえば「視力低下」というイメージがあるかもしれません。確かに多くの人で視力が低下するのですが、それはある程度進行してからです。

白内障で、視力が低下する前に起こることとして「コントラスト感度の低下」が挙げられます。コントラスト感度が低下すると、色の濃淡の差が少ないものを見たときに、色の違いを感じにくくなります。特に、黒地に青や、黄地に赤で書かれたものを認識しにくくなります。

黒地に青というと、身の回りにあるものではコンロの火が当てはまります。コントラスト感度が低下していると、火がついていることに気が付かず、やけどをする危険性があります。黄地に赤というのも、注意書きなどでよくある色使いです。重要なメッセージなので注意を引くために黄と赤を使うのですが、その文字の識別が難しくなり、読み飛ばしてしまう恐れがあります。

また、通常の白地に黒の文字も、以前よりは見にくくなります。とりわけ薄暗い夕方などは、目に十分な量の光が入らず、読みにくさを感じます。そのため、以前より目が疲れやすくなってしまいます。白内障がある程度進むと、まぶしさを感じる、ものが二重三重に見える、視力の低下といった症状が出てきます。

白内障と白髪は似ている

なぜ白内障になっても視力がすぐには低下しないのでしょうか。それは、水晶体が白く濁るといっても均一に全体が濁るわけではなく、一部が濁るだけだからです。これは白髪と同じだといえます。白髪が少し出てきたときは、歳をとったなとは感じるけれども、染めるほどではありません。白髪がある程度増えて初めて、染めるかどうかを検討します。それと同じように、白内障もある程度進行して初めて手術を検討するというものなのです。

白内障の初期は「老眼だろう」と思われがちですが、両者の大きな違いは「距離」です。老眼の場合は手元「だけ」が見にくくなります。遠くが見にくくなるということはありません。一方白内障は、遠くのものも近くのものも、距離にかかわらず見にくくなります。眼科の外来では、老眼だと思っていたら白内障・緑内障だった、という患者さんにしばしば遭遇します。「老眼鏡を作るとき、まずは眼科へ」と言われるのはそのためです。

では、白内障の手術はどういうものなのでしょうか？　目の中の汚れたレンズ（水晶体）を取り除いて、代わりに人工のレンズ（眼内レンズ）を入れます。それほど時間がかからず、たいてい30分以内（片目の場合）に終わり、日帰りで受けることも可能です。

ただし、手術ですから一定のリスクがあります。目に感染症を起こす眼内炎や、大きな出血をする駆逐性出血など、頻度は非常に低いものの深刻な合併症のリスクがあるのも事実です。そのリスクと手術で得られるリターンを天秤にかけて、手術を受けるかどうかを検討します。

悩ましい眼内レンズ選び

そして、最近は入れるレンズにもさまざまな種類が出てきました。単焦点レンズと多焦点レンズです。

従来の白内障の手術では、単焦点レンズを用いていました。単焦点レンズは読んで字のごとく、単一に、ある一定の距離に焦点が合うレンズです。そのため鮮明度も高く、安定性も高いというメリットがあります。デメリットは、遠くにピントが合うレンズにすると、手元が見にくく老眼鏡が必要になるということです。かといって、遠くではなく中間の１m程度にピントを合わせると、遠くや手元はちょっとぼやけて見えます。手元にピントを合わせると、本を読むときは難なく読めますが、遠くを見るときは眼鏡が必要になります。このように、単焦点レンズは、遠くも近くも眼鏡なしで見るのには心もとないレンズです。

一方、多焦点レンズには二焦点、三焦点といろいろな種類がありますが、複数の距離にピントが合うので遠くも近くも見えます。眼鏡なしで生活することも難しくありません。その代わり、どうしても鮮明度が落ちます。落ちた鮮明度の中で生きていくので、それがつらいと感じてしまう人もいます。

単焦点レンズにするならどこにピントを合わせるか。多焦点レンズにするならさまざまな種類のレンズからどのレンズを選ぶのか……という具合に、選択肢が多いのがこの手術の難しいところです。「医者におまかせ」というのも1つの方法ですが、術後の見え方はその後の人生に大きくかかわってきますので、自分の生活に合う、自分の大切にするものを優先した治療を受けていただければと思います。

ちなみに、単焦点レンズは保険診療で全額賄われますが、多焦点レンズは全額自費または選定療養という治療の対象になります。全額自費というのは、公的医療保険（健康保険）が全く使えないということです。選定療養というのは、入院するときの「差額ベッド代」と同じようなイメージです。基本的な医療は保険で行えますが、多焦点のレンズにした部分の差額は負担するというものです。つまり、医学的にどのレンズが見やすいかという問題だけではなく、お財布とも相談して治療を受ける必要があります。

白内障の予防のためにできること

とはいえ、できる限り白内障で生活が不自由になったり手術を受けたりするのは避けたいですよね。ではどうすればいいのでしょうか。白内障の大きな原因は加齢であり、これは避けることができません。けれども、その他の原因であれば自分でコントロールすることも可能です。

例えば「目をかく」という行為も白内障の進行を促します。白内障にはアトピー性白内障というのがあります。アトピー性皮膚炎がある人は白内障になりやすい。ステロイドという薬を使っている場合が多いという理由もありますが、それ以外に「かゆみのために目をかいてしまう」ことが原因になるのです。同じように外傷性白内障というのもあります。これは、格闘家や目をぶつけた経験がある人が白内障になってしまうというもの。目はそれだけデリケートな組織なのです。

栄養面も重要になります。例えば糖尿病です。糖尿病がある人は血流が悪くなるため、糖尿病がない人と比較して白内障になりやすいということが分かっています。ですから糖尿病にならないように、なっても進行しないように、食事に気を付ける、つまりカロリーオーバーを防いで栄養バランスを整えることが、白内障を防ぐことにもつながります。もちろん食事だけではなく、適度な運動も同時に必要になります。

白内障を治す目薬はないのか、ということもよく聞かれますが、残念ながら現状ではありません。海外には「白内障に効く！」とうたわれている目薬もありますが、実際に個人輸入などで入手して差している患者さんを診てみても、あまり効果は実感できないというのが正直なところです。現状は進行を抑制するような生活をして、進行してしまったら手術で治療するというのが一般的になります。

白内障は、いずれほぼ100％かかる病気です。「自分には関係ない」と思わず、白内障にかかる時期をなるべく遅らせ、なっても適切に対処できるように、正しい情報を知っておいていただければと思います。

歳をとると口が臭くなる医学的な理由

白内障だけでなく、歳をとると多くの人に関係してくるものとして、「口臭」があります。とはいえ、皆が皆、歳をとると口臭が出てくるわけではありません。口臭が強くなるのには原因があります。口臭の原因の85％は口、15％が胃や耳鼻科関連の病気と言われています。[*4]

では、口のどういう部分に問題があるのでしょうか。特に問題となるのが歯周病です。歯周病とは細菌感染によって口の中に起こる炎症で、40歳以上の8割が患っています。[*5] 歯自体が悪くなるわけではありませんが、歯を支える歯肉や歯を支える骨が溶けてしまい、歯も維持できなくなってしまいます。歯周病の症状として有名なのは、歯磨きをしたときに歯ぐきから血が出るということです。そういう経験がある人もいるのではないでしょうか。そのうちに口の中がかゆくもなってきます。

歯周病によって臭いを発生するメカニズムは、「食べかす」です。歯周病があると、口の中の歯周病菌が食べかすを溶かし、硫化水素などのガスを発生させます。硫化水素は温泉と同じガスで、「卵の腐ったような臭い」と言われる臭いを発生させます。

歯周病を防ぐためには歯磨きが大切です。ただの歯磨きだけではなく、歯間ブラシも重要です。歯と歯の間に詰まったものを除去しないと、歯周病が発生し、悪化してしまうからです。また、サイズが合わない歯間ブラシを使うと歯肉を傷つけてしまうこともあるので、自分の歯の隙間に合った大きさのものを選ぶようにしてください。

口臭というのは、なかなか自分では気づきにくいものです。自分が口臭があるかどうかを知るには、どうすればいいでしょうか。

いまではデジタルの機械で口臭を確認する方法があります。口臭チェッカー、口臭測定器などと呼ばれる器具で、市販されています。より明確に知りたい場合は、そのような道具を使っていただくのも効果的です。はたまた信頼できる家族などがいる場合は、率直な意見を聞くこともできるでしょう。

一方で、誰も正直な意見を言ってくれる環境にないし、口臭を測定する機械も持っていないという場合はどうすればいいでしょうか。そんな場合でもコップ1個があれば確認できます。

やり方はこうです。まず、コップに息を吐きます。そしてコップに手で蓋をします。次に新鮮な空気を鼻から吸って、はーっと出します。そしてコップの中の空気の臭いを確認してみるのです。さて臭いはどうでしょうか?

このように、1回呼吸をリセットすることによって自分の口臭を自分で確認することができます。自分で臭いが確認できれば、がんばって改善しようというモチベーションになります。そしてこの方法を使えば、口臭が改善していく過程も確認することができるのでお勧めです。

口の中が乾燥すると臭くなる

口臭の原因としては、歯周病以外にも、年齢を重ねたことで出てくる問題もあります。それは、口の中が乾燥してしまうということです。口の中が乾燥しているということは、唾液が少ない状態にあり、そういう環境下では口の中の食べかすや雑菌を洗い流す作用が弱くなります。入れ歯をしている高齢者であっても、口の中が乾燥することで口臭が発生します。

唾液腺の場所

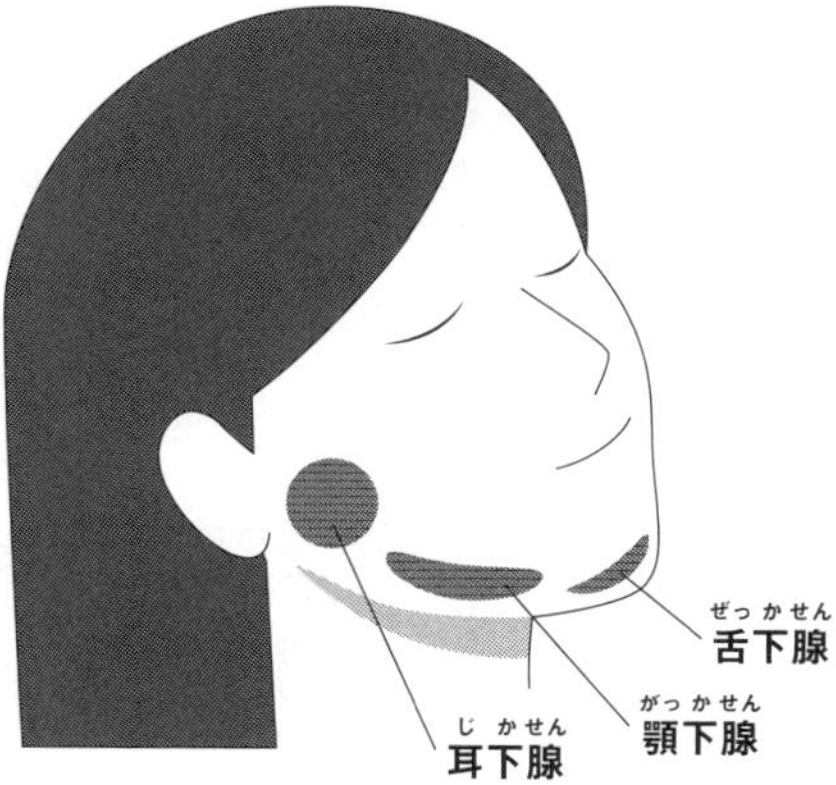

　では、口の中が乾燥してきたと感じる場合、どのようにして唾液を補えばよいのでしょうか。まず、こまめに水分をとりましょう。特に高齢になると、自分が脱水状態に近くなってきてもそれに気づきません。だからこそ、のどが渇いたと思う前にこまめに水分をとることが必要となるのです。具体的にはコップ１杯の水を１～３時間に１回はとるように心がけていただければと思います。

　さらに、唾液の分泌を良くする方法として唾液腺マッサージがあります。唾液は唾液腺という口の周りにある腺から分泌されます。具体的には耳下腺・顎下腺・舌下腺という場所にあり、これらをマッサージすると、唾液の分泌が良くなります。耳下腺は耳の前側にありますので、耳の前側を円を描くようにしてマッサージします。顎下腺は顎の下にある柔らかい部分を10回ほど優しく押します。舌下腺は顎を突き出した下です。ここを10回優しく親指で押してあげます。このようにすることで唾液の分泌腺が刺激され、唾液の量が増えます。

さらにお勧めな食べ物として、「リンゴ」があります。リンゴは天然の歯ブラシとも言われるフルーツです。酸味があるので唾液が出やすく、さらには食物繊維も多いので腸の調子も整えてくれます。リンゴに含まれるリンゴポリフェノールも口臭に効果的です。

リンゴのほか、マンゴーやパイナップルに含まれる「パパイン」、キウイフルーツに入っている「アクチニジン」も、たんぱく質を分解しやすくする酵素なので、口内のたんぱく質分解にも一役買ってくれます。またある研究では、食事の後の緑茶も口臭予防に効果的であると示されています。[*6]

呼吸を「鼻呼吸」にすることも口臭予防になります。口呼吸よりも鼻呼吸にしたほうが口臭は発生しにくくなります。鼻から息を吸うと、鼻を通ってある程度加湿された空気が口に入り、肺へと流れていきます。けれども口呼吸にしてしまうと加湿されていない空気が直接口に入ってしまいます。さらには息を吐くときも鼻から吐けば鼻を通ってから出るので口臭は軽減されます。けれども口から直接吐いてしまえば、あなたの口臭が直接相手に降りかかってしまうということになるのです。

現代人は浅い呼吸、口からの呼吸をしがちです。なるべく鼻で呼吸をして口臭を発生しにくいようにしていただければと思います。

特に睡眠中に口呼吸になってしまう人がいます。花粉症やアレルギーなどにより鼻が詰まる、鼻中隔湾曲症《びちゅうかくわんきょくしょう》により鼻から息がしにくいという方もいます。その場合は耳鼻科で適切な治療を受けて、鼻呼吸がしやすい環境を整えてください。

また、いびきをかく人の場合は要注意です。いびきをかく人は鼻呼吸よりは口呼吸になりやすいので、なるべく鼻呼吸にしましょう。いびきが気になる場合はスリープ（睡眠）外来などでチェックを受けるのも1つの選択肢です。

また、すぐにできる対処法としては、上向きに寝るよりは横向きに寝るということです。横向きに寝ることで舌根という舌の奥の部分が下がって気道をふさぐことがなくなり、いびきをかきにくくなります。

このように、口の状態を改善し、栄養、呼吸状態を改善することで口臭は防ぐことができます。なかなか自分では気づきにくいですが、普段からこうした対策を心がけておきましょう。

トイレに行けば行くほど頻尿になる

夜、寝ている途中でトイレに行きたくなり、仕方なく起きてトイレに行く。年齢を重ねるとそういうことが増えてきます。

なんだトイレの話題か、と思うかもしれません。しかし、尿のトラブルは歳をとると増えてきて、40代〜50代でも無縁ではありません。

若い頃は、夜寝たら朝までずっと眠れたのに、と思う人もいるでしょう。本来人間の体は、夜の睡眠の間はトイレに行かなくても済むようになっています。昼間は8時間もトイレに行かずに過ごすことはないのに、なぜ夜はそれが可能なのでしょうか。それは寝ているときは「抗利尿ホルモン」が働き、腎臓が作り出す尿の量を少なく抑えているからです。

しかしこの抗利尿ホルモンは、加齢によって分泌が低下していきます。[*7] すると、朝も夜も関係なく尿が作られてしまい、夜寝ているのにもかかわらず、昼間と同じように2〜3時間に1回トイレに行きたくなってしまいます。

残念ながら、抗利尿ホルモンの分泌が減少するのを防ぐことはできませんが、まずは「夜中にトイレに目が覚めるのは、年齢による変化だ」ということを知っておくことが大切です。一方で、本当に夜中にトイレに行きたくなるのは抗利尿ホルモンによる影響だけなのか、という問題があります。夜頻繁にトイレに起きてしまう場合は、そのほかにも糖尿病、前立腺肥大などの尿路の異常、睡眠時無呼吸症候群など、さまざまな原因があります。そうした原因がないかどうかをチェックするため、一度は病院で診察を受けてみるとよいでしょう。

寝る前のコーヒー、アルコールに要注意

それ以外にも、日常生活での注意点があります。水分をとることは体にいいことだから、「寝る前に水分をとろう」という習慣がある人もいます。体の中の水分が不足すると血流が悪くなり、脱水症になると脳梗塞や心筋梗塞のリスクを高めます。しかし実際のところ、「寝る前に水を飲むと脳梗塞・心筋梗塞が防げる」という説には確かな科学的根拠はありません。

過度に水分をとって睡眠が妨げられるよりは、もっと前の時間に十分に水分をとって、尿として排泄しておくほうが良いと思われます。

また、寝る前にコーヒーやお酒を飲む習慣がある人もいますが、これもお勧めできません。コーヒーにはカフェインが含まれているというのはよく知られています。カフェインには興奮作用のほかに、利尿作用があります。つまり、トイレに行きたくなってしまうわけです。

コーヒーに含まれるカフェインの半減期（体に入った量が代謝されて半分になるまでの時間）は、2〜8時間といわれています。もしあなたが23時に就寝するのであれば、その8時間前の15時にコーヒーを飲んだとしても、寝るときにやっと半分の量になるということです。夜間のトイレで困っている人がコーヒーを飲むなら、できる限り14時までに終えておくというのが1つの対処法になります。

お酒、つまりアルコールにも利尿作用があります。飲めば飲むほどトイレに行きたくなりますから、夜、寝る前にお酒を飲むと、夜中にトイレで目が覚めてしまいます。

アルコールの場合は、その人がアルコールを分解できる酵素を持っているかどうかも大きく関係します。ＡＬＤＨ２（アセトアルデヒド脱水素酵素２）という酵素を持っているとアルコールを分解しやすくなり、持っていないと、分解に時間がかかって酔いやすくなります。特に日本人は、このＡＬＤＨ２を十分に持っていない、お酒に弱い人が多いことが知られています。アルコールの分解に時間がかかるほど、それだけ利尿作用が長く続きます。結果として夜中にトイレに行きやすくなります。

アルコールの分解速度は、飲む量にも依存します。量を多く飲めばやはり分解に時間がかかってしまいます。さらに、アルコールを代謝する肝臓の機能も加齢によって低下します。「若い頃は夜ご飯のときに晩酌として日本酒を1合ほど飲んでいた」という人も、年齢を重ねると分解・代謝が難しくなり、若い頃より残りやすくなるのです。

アルコールには、利尿作用のほか、眠りを浅くして睡眠の質を下げる作用もあります。アルコールの分解が遅くなると、眠りの質への影響も大きくなり、夜間の目覚めにつながります。

外来に来る患者さんでも、加齢による分解能力の低下を考慮せず、気持ちは若いままで同じようにコーヒーやお酒を飲んでしまって、結果として夜中のトイレが増えて熟睡できなくなり、体調不良になっている人がいます。年齢に合わせた摂取量・摂取時間にする必要があるのです。

トイレに行くのを我慢するトレーニング法

では、昼間のトイレはどうでしょうか。年齢を重ねると、昼間もトイレに行きたくなります。起きている間に8回以上トイレに行くようになると「頻尿」といわれます。頻尿にもいろいろ原因があるのですが、例えば「過活動膀胱」があります。読んで字のごとく膀胱という尿をためる組織の活動性が増すことによって、過度にトイレに行きたくなってしまうというものです。

尿は腎臓で作られて膀胱にたまり、ある一定の量になるとおしっこに行きたくなります。しかし過活動膀胱になると、まだ十分に尿をためられるスペースがあるのに、勝手に膀胱が活動して、トイレに行きたくなります。過活動膀胱の原因としては脳の問題や前立腺肥大などが挙げられますが、加齢も原因となります。加齢によって膀胱の機能に異常が出てしまうのです。

尿意を感じるなら、もらす前にトイレにこまめに行っておけばいいだろう。そう思われがちですが、実際は逆です。こまめにトイレに行って失禁を予防しているつもりが、逆にもっとトイレに行きたい状態を作ってしまっているのです。これはなぜでしょうか？

早めにトイレに行くということは、ちょっとの尿が膀胱にたまった時点でトイレに行くということです。本来だったら２５０㎖膀胱にたまるのに、50㎖程度でトイレに行く。すると「このぐらい少量でもトイレに行かなければ」というように習慣づけられてしまいます。むしろもっとトイレに行きたくなってしまうのです。

過活動膀胱の対処法としては、膀胱訓練があります。具体的には、トイレをちょっとだけ我慢するというものです。尿意を感じても、最初は5分だけ我慢してからトイレに行く。これを繰り返しながら、我慢する時間を10分、15分と徐々に延ばしていき、2～3時間トイレに行かなくてもいい状態を作るというものです。もちろんいざというときには早めにトイレに行っておくべきなのですが、普段からこういうことを心がければ尿意をコントロールしやすくなります。

「スマホ老眼」で体調不良に

さて、ここまでこの章では、現役世代の皆さんのために、これから自分が老後を迎えるための備えとして、白内障や口臭（歯周病）、そして頻尿について解説をしてきました。

そしてもう1つ、皆さんに知っておいていただきたいのが、「スマホ老眼」です。スマホ老眼とは、スマートフォンなどのデジタルデバイスの利用により、手元が見にくくなる現象を言います。

かつては「ＶＤＴ（Visual Display Terminal）症候群」「ＩＴ眼症」などとも言われていました。医学的に言うと「調節機能不全」という状態に近いのがスマホ老眼です。近くを見続けるために、ピントを合わせる目の筋肉を使いすぎ、結果として目の筋肉がけいれんなどを起こして適切に動かなくなるのです。すると、手元が見にくくなってしまいます。スマホの使用を減らせばスマホ老眼は軽減しますが、スマホを同じように使い続ける限り、スマホ老眼も改善しません。

スマホ老眼によって、20代、30代で老眼鏡をかけなければいけなくなった患者さんもいます。さらに40代以降では、加齢によってピント調節機能が衰え、老眼になる人が増えてきますが、そこにスマホ老眼が加われば、実年齢よりも老眼がきつくなるということが起きるのです。

デジタルデバイスは、スマホ老眼だけでなく、頭痛や肩こりなどの不調を引き起こすこともあります。スマートフォンやパソコンなどのデジタルデバイスを使うと、まばたきが少なくなります。人間は通常1分間に20回程度のまばたきをしています。ところがデジタルデバイスを使うと、まばたきの回数が5回程度に減ります。まばたきが少なくなれば、それだけ目は外部の環境にさらされます。水分は蒸発しやすくなり、目を休めることも難しい。すると目が乾いてドライアイになりやすいのです。[*8]

ドライアイになると、眼精疲労、ひいては頭痛・肩こりなどを感じやすくなります。オフィスワーカーの7割にドライアイがあると言われていますし、ドライアイにより年間の生産性が48万7000円落ちる[*9]という試算もあります。

また、夜寝る前にデジタルデバイスを使うことで、睡眠の質が下がるという問題もあります。本来、夜間に人間はブルーライトを浴びませんでした。それがデジタルデバイスの使用によって夜間にブルーライトを浴びてしまうと、人間の体は夜ではなく昼間かのように反応してしまい、睡眠のリズムが狂いやすいことが分かっています。実際、「夜中にふと起きたとき、スマホを見たことで眠れなくなった」という経験はないでしょうか？

このように、なかなか寝つけない、眠っても夜間に起きてしまう、早めに目が覚めてしまいその後眠れない、などの睡眠の乱れが起き、疲れが取れないなどの不調につながるのです。

デジタルデバイスとの賢い付き合い方

そこで、不調を起こさないデジタルデバイスの使い方を覚えておきましょう。まず、寝る前の30分はスマホを見ないようにする。これは基本なのですが、このルールを守れる人は少ないのが現実です。そこで、夜間にスマートフォンの画面から出るブルーライトを抑えるように自動的に切り替わる設定にしておくのもお勧めです（「ナイトシフト」などの名称になっています)。

また、ブルーライトカット眼鏡を使用するという方法もあります。使うのであれば日中よりは夜間が重要です。ブルーライトカット眼鏡に関しては日本眼科学会などから小児への使用に関して慎重意見が出ていますし、眼精疲労に対する効果も懐疑的ではあります。ただ、就寝前にブルーライトカットの眼鏡を使うことで、目の不調を抑えるだけではなく睡眠の質を改善したという報告もあります[*10]。

また、デバイスを使う上では適切な距離を取ることが大切です。顔から30㎝以上離すようにしましょう。とはいえ、意識的に距離を取るのはなかなか難しいので、デバイスの画面を大きくすることをお勧めします。スマホよりはタブレット、タブレットよりはパソコン、パソコンよりはテレビのほうが、モニターが大きい分、距離を取りやすくなります。

パソコンで仕事をするときには部屋の環境も大切です。まずはドライアイの予防のため、部屋の湿度を保ちましょう。モニターを見るときの姿勢も大切です。長時間作業をしていると、ついついのぞき込むように見たり、悪い姿勢になりがちです。こうした姿勢を続けていると目への負担が強くなり、肩こりの原因にもなります。長時間パソコンを使う場合は特に、机といすの関係を見直してみましょう。モニターの位置は目線の高さより上にはせず、水平または水平よりモニターの上端が15度下という程度に収めると負担が少なくなります。

そして、休憩は必須です。60分デジタルデバイスを使用した場合は、一度は２ｍ以上遠くを見ることによって目を休めるようにしてください。目をつぶって、目を温めるという方法も効果的です。市販の温感シートなどを使うのも１つの方法ですが、手元にないときは「パームアイ」という簡単な方法があります。両手をこすり合わせて温めてから、手をカップ状にして目の周りに当てることで血流を良くするというものです。疲れも取れやすいのでお勧めです。

エピローグ

老いた親がひょっとして認知症なのではと心配になるきっかけとしては、「家の中が散らかるようになった」「もの忘れが激しくなった」「同じことを何回も言うようになった」などがメジャーでしょう。

そのほか、「幻覚が見えるようになった」というのもあります。

子「どうしたの?」
親「人がそこにいるんだよ」
子「またそんなこと言って。目が悪くなってよく見えないんじゃないの?」
親「いや、いまハッキリと見えているんだよ」
子「でも誰もいないよ。どうしちゃったの?」

認知症にはいくつかのタイプがありますが、特にレビー小体型認知症になると、幻覚が見えやすくなります。レビー小体型認知症は一般にはなじみが薄い病名ですが、実はアルツハイマー型認知症、脳血管性認知症に次いで多い認知症です。本人や家族が気づかないうちにレビー小体型認知症になって幻覚が見えるようになり、眼科にいらっしゃる方もいます。

レビー小体型認知症で見える幻覚は非常に具体的です。「寝ていたらベッドの横に人が立っていた」と言う人もいれば、「虫やネズミが見える」と訴える人もいます。そこで「目の病気では？」と心配されて眼科を受診するのですが、実際には目の病気ではありません。

また、家族が「おかしくなった」と言って本人を外に出さないようにすることもあります。そうした対応ではなく、きちんと病院で診断・治療を受けることをお勧めします。

服用中の薬による幻覚もあります。「そんな幻覚を起こすような薬は危ない」と思うかもしれませんが、身近な薬でも幻覚を起こすものはあります。例えばステロイドです。ステロイドという薬は聞いたことがある人も多いのではないでしょうか。目薬や点鼻薬にも使われていますし、飲み薬、点滴などさまざまな剤形のものがあります。ステロイドはきちんと用量を守って使えば安全な薬ですが、量が多くなると幻覚のような症状を起こすことがあるのです。例えば目ですと、視神経炎などの炎症の病気に対して大量のステロイドを使うことがあります。

そのほかにはパーキンソン病の薬があります。ご家族でパーキンソン病の薬を飲んでいる方もいるかもしれません。その薬には幻覚の副作用が起こり得ることを知っていないと、いざその症状が出たときに「なんか変なことを言っている」と家族が驚き、本人が孤立してしまって誰にも相談できなくなってしまうということがあるので、ぜひとも知っておいていただければと思います。

本書では、老いてきた親との付き合い方や、問題行動があったときにその背景に何があるのか、どう対処していけばいいのか、などを解説してきました。

もちろん、自分の親だけでなく、身近にいる歳をとった人に対してもこうした知識が生かせるはずです。最近は、歳をとってもなるべく生涯現役で働こうという雰囲気があります。これから、社内外でも高齢の人と一緒に仕事をする機会が増えてくるでしょう。そのようなときにも、ぜひ、本書を活用していただければうれしいです。

そして、人生100年時代のいま、自分もやがて高齢者となり、長い長い老後の時間を過ごすことになります。

「できれば太く短く生きたい」と思う方もいらっしゃるかもしれませんが、一方で医療の発達により、寿命が延びる傾向にあるのも事実です。どうせなら、健康を保ちつつ、思う存分やりたいことをやって、自分らしい老後を送りたいもの。そのためのヒントを本書の中から見つけていただければ、筆者としては幸いです。

参考文献

第1章

＊1　Livingston G, et al. *Dementia prevention, intervention, and care: 2020 report of the Lancet Commission.* The Lancet Commissions. 2020;396:413-446.

第2章

＊1　小原喜隆ら　科学的根拠（evidence）に基づく白内障診療ガイドラインの策定に関する研究　２００２年３月

＊2　Schubert CR, et al. *Olfactory impairment in an adult population : the Beaver Dam Offspring Study.* Chem Senses. 2012;37(4):325-334.

＊3　内田育恵ら　全国高齢者難聴者推計と10年後の年齢別難聴発症率：老化に関する長期横断疫学研究より　日本老年医学会雑誌　2012;49(2):222-227.

＊4　立木孝ら　日本人聴力の加齢変化の研究　Audiology Japan. 2002;45(3):241-250.

＊5　Honjo I, et al. *Laryngoscopic and voice characteristics of aged persons.* Arch Otolaryngol. 1980;106(3):149-150.

＊6 Trinite B. *Epidemiology of Voice Disorders in Latvian School Teachers.* J Voice. 2017;31(4):508e1-508e9.

＊7 Corinna E Loeckenhoff, et al. *Aging, emotion, and health-related decision strategies: motivational manipulations can reduce age differences.* Psychol Aging. 2007 Mar;22(1):134-146.

＊8 鎌田晶子ら 高齢者の買い物行動・態度に関する検討（1）生活科学研究 2012:15-26.

＊9 平成28年（２０１６年）版消費者白書

＊10 城戸千晶ら 夏期におけるフレイル高齢者の住まい方と室内温熱環境の実態調査 空気調和・衛生工学会平成30年（２０１８年）度大会（名古屋）学術講演論文集 第6巻 温熱環境評価

＊11 柴田祥江ら 高齢者の夏期室内温熱環境実態と熱中症対策 日本生気象学会雑誌 55巻（２０１８－２０１９）1号 p.33－50.

＊12 菊地和則ら 認知症の徘徊による行方不明者の実態調査 老年精神医学雑誌 2016;27:323-332.

＊13 警察庁 令和4年（２０２２年）における行方不明者の状況

＊14 菊地和則ら 認知症の徘徊による行方不明死亡者の死亡パターンに関する研究 日本老年医学会雑誌 2016;53:363-373.

＊15 斎藤正彦 アルツハイマー病初期にみられる性格変化 老年精神医学会雑誌 2005;16(3):310-314.

＊16 熊本悦明ほか 老人福祉施設における〝性〟高齢者のケアと行動科学 1997;4:3-16.

＊17 独立行政法人国民生活センター「アクティブシニアのトラブル増加！ 60歳以上の消費者トラブル１１０番」平成28年（２０１６年）11月2日

＊18 Manor O, et al. *Mortality after spousal loss: are there socio-demographic differences?* Soc Sci Med. 2003;56(2):405-13.

＊19 Byrne GJ, et al. *Alcohol consumption and psychological distress in recently widowed older men.* Aust N Z J Psychiatry. 1999;33(5):740-7.

第3章

＊1 Schiffman SS. *Taste and smell losses in normal aging and disease.* JAMA. 1997 Oct 22-29;278(16):1357-62.

＊2 近藤健二 嗅覚・味覚 耳鼻咽喉科・頭頸部外科 2012;84(8):552-558.

＊3 織田佐知子ほか 照明の種類が食物のおいしさに与える影響 実践女子大学生活科学部紀要 2011;48:13-18.

＊4 冨田寛 味覚障害の疫学と臨床像 日本医師会雑誌 2014;142(12):2617-2622.

＊5 Choi JA, et al. *Fasting plasma glucose level and the risk of open angle glaucoma: Nationwide population-based cohort study in Korea.* PLoS One. 2020 Sep 23;15(9):e0239529.

第4章

＊1 独立行政法人国民生活センター 医療機関ネットワーク事業からみた家庭内事故―高齢者編― 2013年3月28日

＊2 柴崎宏武 高齢者の道路横断中の事故 交通事故総合分析センター 第19回交通事故・調査分析研究発表会 平成28年（２０１６年）

＊3 張氷潔ほか 日常視時における瞳孔径の年齢変化 神経眼科 2008;25(2) 266-270.

＊4 Edwards JD, et al. *Speed of processing training results in lower risk of dementia.* Alzheimers DemenKt(N Y). 2017 Nov 7;3(4):603-611.

＊5 Wolinsky FD, et al. *A randomized controlled trial of cognitive training using a visual speed of processing intervention in middle aged and older adults.* PLoS One. 2013;8(5):e61624.

＊6 Ball K, et al. *Cognitive training decreases motor vehicle collision involvement of older drivers.* J Am Geriatr Soc. 2010 Nov;58(11):2107-13.

＊7 Edwards JD, et al. *Systematic review and meta-analyses of useful field of view cognitive training.* Neurosci Biobehav Rev. 2018 Jan;84:72-91.

＊8 Kraft JN, et al. *Functional Neural Correlates of a Useful Field of View(UFOV)-Based fMRI Task in Older Adults. Cereb Cortex.* 2022 Apr 20;32(9):1993-2012.

＊9 Kitazawa T. *Hard contact lens wear and the risk of acquired blepharoptosis: a case-control study.* Eplasty. 2013 Jun 19;13:e30. Print 2013.

＊10 Cohen LM, et al. *Ophthalmic Surgeries and Systemic Medical Conditions Associated With the Development of Involutional Ptosis.* Ophthalmic Plast Reconstr Surg. 2021;37(2):133-137.

＊11 Duffy JF, et al. *Peak of circadian melatonin rhythm occurs later within the sleep of older subjects.* Am J Physiol Endocrinol Metab. 2002 Feb;282(2):E297-303.

＊12 Ross PD, et al. *Vertebral fracture prevalence in women in Hiroshima compared to Caucasians or Japanese in the US.* Int J Epidemiol. 1995 Dec;24(6):1171-7.

第5章

＊1 David CR, et al. *People over forty feel 20% younger than their age : subjective age across the lifespan.* Psychon Bull Rev. 2006;13:776-780.

＊2 Masui Y, et al. *Do personality characteristics predict longevity? Findings from the Tokyo Centenarian Study.* AGE. 2006;28(4):353-361.

＊3 厚生科学研究補助金「科学的根拠（evidence）に基づく白内障診療ガイドラインの策定に関する研究」平成13年（2001年）度 総括・分担研究報告書

＊4 Bollen CML, et al. *Halitosis the multidisciplinary approach.* Int J Oral Sci. 2012;4(2):55-63.

＊5 厚生労働省 平成17年（2005年）歯科疾患実態調査

＊6 Lodhia P, et al. *Effect of green tea on volatile sulfur compounds in mouth air.* J Nutr Sci Vitaminol (Tokyo). 2008 Feb;54(1):89-94.

＊7 Kujubu DA, et al. *An overview of nocturia and the syndrome of nocturnal polyuria in the elderly.* Nat

Clin Pract Nephrol. 2008 Aug;4(8):426-35.
＊8　佐藤直樹 ＶＤＴ作業とドライアイの関係 あたらしい眼科 1992;2103-2106.
＊9　Uchino M, et al. *Dry Eye Disease and Work Productivity Loss in Visual Display Users: The Osaka Study*. American Journal of Ophthalmology. 2014 Feb;157(2):294-300.
＊10　Shechter A, et al. *Blocking nocturnal blue light for insomnia: A randomized controlled trial*. J Psychiatr Res.2018;96:196-202.

平松 類　ひらまつ・るい
医師・医学博士。二本松眼科病院副院長。愛知県田原市生まれ。昭和大学医学部卒業。受診を希望する人は北海道から沖縄まで全国に及ぶ。専門知識がなくてもわかる歯切れのよい解説が好評でメディアの出演が絶えない。延べ10万人以上の高齢者と接し、その症状や悩みに精通している。医療コミュニケーションの研究にも従事。YouTube「眼科医平松類チャンネル」で情報発信を行っている。

日経プレミアシリーズ｜521

老《お》いた親《おや》はなぜ部屋《へや》を片付《かたづ》けないのか

二〇二四年一一月八日　一刷

著者　平松 類
発行者　中川ヒロミ
発行　株式会社日経ＢＰ
日本経済新聞出版
発売　株式会社日経ＢＰマーケティング
〒一〇五―八三〇八
東京都港区虎ノ門四―三―一二
装幀　ベターデイズ
組版　マーリンクレイン
印刷・製本　中央精版印刷株式会社

ISBN 978-4-296-20656-8　Printed in Japan